LETTRES A UN JEUNE PROFESSEUR

SOMMAIRE D'UNE MÉTHODE

POUR

L'ENSEIGNEMENT DU DESSIN

ET DE

LA PEINTURE

PAR

M. HORACE LECOQ DE BOISBAUDRAN

Ancien Directeur de l'École Nationale de dessin

PARIS

Vᵛᵉ A. MOREL ET Cⁱᵉ, ÉDITEURS

13, RUE BONAPARTE, 13

1876

LETTRES A UN JEUNE PROFESSEUR

SUR

L'ENSEIGNEMENT DU DESSIN ET DE LA PEINTURE

231. — ABBEVILLE. — TYP ET STÉR. GUSTAVE RETAUX.

LETTRES A UN JEUNE PROFESSEUR

SOMMAIRE D'UNE MÉTHODE

POUR

L'ENSEIGNEMENT DU DESSIN

ET DE

LA PEINTURE

PAR

M. HORACE LECOQ DE BOISBAUDRAN

Ancien Directeur de l'École Nationale de dessin

PARIS

Vve A. MOREL et Cie, ÉDITEURS

13, RUE BONAPARTE, 13

1876

INTRODUCTION

----

la dernière brochure, *Coup d'œil sur l'en-
nement des beaux-arts*, m'a valu cet hon-
r, que plusieurs artistes, sympathiques
nes idées, m'ont demandé de publier
: Méthode. A leur avis, je m'y suis en
lque sorte obligé, en critiquant sévè-
ient plusieurs des manières d'enseigner
usage aujourd'hui : — J'ai dû juger les
res enseignements, disent-ils, au nom
ne méthode préférée, je dois donc, à
n tour, exposer à la critique celle que
crois être la vraie.

a vraie !..; expression trop exclusive.
'y a pas, il ne doit pas y avoir une mé-
de unique : tout professeur intelligent
t rester libre de se faire la sienne, à la

1

condition de la baser sur des principes vrais et des déductions rationnelles.

Mes amis insistaient : la faiblesse actuelle de l'enseignement leur paraît résulter de l'ignorance générale des vrais principes : — Si vous croyez les posséder, me répétaient-ils, il est de votre devoir de les faire connaître et de les propager. D'ailleurs, ces principes une fois admis, vous avez, assurément, une manière à vous de les enseigner, une méthode qui vous a semblé la meilleure, après une longue pratique et des épreuves répétées ; ne pourriez-vous la livrer à l'examen ?

J'étais ébranlé, je l'avoue, quand se présenta une occasion naturelle de me décider tout à fait à suivre ces sympathiques conseils. Un de mes anciens élèves, jeune artiste de talent, récemment nommé directeur d'une école d'art en province, me priait de lui venir en aide, en lui remettant en mémoire mes principaux moyens d'enseignement. Or, ce sont ces lettres à ce jeune professeur, devenu mon ami, que je me suis décidé à livrer à l'impression. Elles contiennent l'exposé de méthode qui m'était demandé, et, tout en pouvant être utiles au public, elles répondront, je l'espère, aux bienveillantes sollicitations dont je viens de parler.

Cet exposé rapide renferme, dans les étroites limites de quelques lettres, la subs—tance essentielle du sujet ; ce n'est, à vrai dire, que le sommaire d'une méthode, une sorte de guide donnant les indications les plus nécessaires, et laissant à chaque pro-fesseur toute liberté d'action, dans les limites des principes primordiaux.

J'ai déjà traité, dans de précédents ou-vrages, quelques-uns des sujets sur lesquels je viens appeler de nouveau l'attention ; le lecteur pourra y recourir [1] ; il y trouvera des explications et des développements utiles pour compléter le travail très-succinct que je lui présente aujourd'hui. Les passages les plus essentiels à consulter seront indiqués par des renvois, et je complèterai, par quelques notes nouvelles, les enseignements des lettres que l'on va lire.

Avant d'entrer définitivement en matière,

1. *Coup d'œil sur l'enseignement des beaux-arts. — Éducation de la mémoire pittoresque.*

qu'il me soit permis de présenter ici quelques considérations qui m'ont été suggérées
par l'état de divergence où se trouvent
actuellement les esprits sur les questions
d'éducation artistique.

Je n'ignore pas, par exemple, qu'il existe
aujourd'hui de grandes préventions contre
les modèles dessinés ou gravés, particulièrement contre ceux de figures ou de fragments
de figure. On est encore sous le coup de l'ir-
ritation légitime, causée par le triste souvenir des modèles de *Reverdin* et de *Julien*,
avec leurs hachures si compliquées et si pré-
tentieuses. L'expérience en a fait justice.
Leur imperfection, l'abus excessif de leur
emploi expliquent une réaction qu'il faut,
cependant, se garder d'exagérer ; elle ap-
pellerait à son tour une réaction contraire,
résultat ordinaire de toute exagération (A).

Il s'agit aujourd'hui de la plus grande
simplification possible, soit pour les traits,
soit pour les ombres. Dans ces conditions
seulement, les modèles dessinés ou gravés
peuvent continuer à remplir leur rôle utile
dans la série des degrés de l'enseignement ;

ils ont cet avantage de permettre au professeur d'exiger une imitation complète, parce
qu'ils restent fixes et ne se prêtent point
aux à peu près, aux interprétations.

Ces modèles sont éminemment propres,
d'ailleurs, à exercer, à développer les facultés
primordiales de rectitude et de précision.
Or ces facultés essentielles sont comme les
outils qui doivent être mis en état avant tout
travail, sous peine de laisser toujours à
l'œuvre des traces d'imperfection. Les dessins copiés offrent une transition précieuse
entre l'étude des figures géométriques et le
dessin d'après la bosse. Nous livrons à
l'examen réfléchi ce point spécial de la méthode.

La question d'enseignement du dessin,
après avoir été longtemps délaissée, est
reprise aujourd'hui avec un zèle des plus
louables. Plusieurs théoriciens, paraissant
également convaincus, présentent chacun
leur système et en réclament l'application.

Il serait très-désirable que l'État, au lieu
de continuer à n'accueillir qu'une seule méthode, en adoptât plusieurs et favorisât à

cet égard l'initiative privée. On verrait alors l'enseignement se raviver par une émulation à la fois salutaire aux élèves, aux professeurs et aux méthodes.

Rien n'est plus favorable à l'art et à son enseignement de tous les degrés que la liberté, la spontanéité ; rien ne leur est plus contraire que la centralisation excessive, la réglementation étroite et l'uniformité.

LETTRES A UN JEUNE PROFESSEUR

LETTRE PREMIÈRE.

Mon cher ami, vous me demandez de vous aider dans votre nouvelle et difficile tâche, en vous indiquant les principaux moyens d'enseignements que j'ai pu appliquer ou concevoir, dans le cours de mon professorat. Je m'empresse de répondre à votre appel; mais je croirais vous rendre un faible service et mal justifier votre confiance, en m'en tenant strictement aux termes de votre demande.

Les moyens d'enseignements n'ont point une valeur absolue par eux-mêmes. Ainsi que les remèdes en médecine ou les procédés de culture, ils peuvent être utiles ou dangereux, suivant le moment et la mesure de leur application; ils doivent, pour avoir une heureuse efficacité, être présentés dans un ordre méthodique. Cet ordre ne peut être déterminé qu'avec la connaissance précise du but qu'on se propose et des principes sur lesquels doivent se fonder les moyens destinés à atteindre ce but.

Dans mon dernier essai sur l'enseignement, après m'être livré à diverses considérations sur cette question si importante du but et des principes, je m'exprimais ainsi :

« L'art est essentiellement individuel, l'indi-
« vidualité fait l'artiste.

« D'où résulte cette conséquence :

« Tout enseignement, pour être vrai et ra-
« tionnel, doit se proposer de conserver, de
« développer et de perfectionner le sentiment
« individuel de l'artiste [1]. »

Ainsi, le but auquel doit tendre tout professeur chargé d'un enseignement des beaux-arts, quel qu'en soit le degré, est le développement des aptitudes artistiques, naturelles, de chaque élève. Les moyens, exercices ou procédés d'enseignement, les meilleurs sont ceux qui concourent le plus sûrement et le plus directement à ce but.

1. *Coup d'œil sur l'enseignement des beaux-arts.*

Un principe fondamental et absolu doit présider à leur choix comme à leur classement, c'est *le principe du développement progressif des facultés artistiques, celui de la gradation des difficultés dans les exercices* (B).

Après avoir établi ces premières bases fondamentales, que je crois pouvoir considérer comme démontrées et acceptées, puisqu'elles n'ont été jusqu'ici l'objet d'aucune contradiction sérieuse, j'aborderai directement mon sujet, en le divisant en cinq parties ou degrés d'enseignement.

Cette division n'est point arbitraire. Après avoir été longuement étudiée et expérimentée, elle a paru la plus favorable pour bien établir le classement et l'ordre successif des différentes études. Ces cinq degrés distincts, sorte d'étapes dans le parcours complet de l'éducation artistique, permettront aux professeurs et aux écoles, dont l'enseignement doit être restreint ou dirigé vers des applications spéciales, de reconnaître facilement et de choisir avec connaissance de cause le point de la méthode où il leur conviendra de s'arrêter.

PREMIER DEGRÉ D'ENSEIGNEMENT. (C)

Le dessin est la base essentielle des arts nommés pour cette raison : *arts du dessin.*

Le trait est le mode d'expression le plus simple du dessin. Il en est, en même temps, l'exercice pédagogique le plus élémentaire.

Nous commencerons donc notre enseignement par le dessin au trait (D).

Afin de bien faire comprendre ces commencements d'une si grande importance pour toute la suite des études, je donnerai le spécimen de quelques-unes des premières leçons.

Première leçon.

L'élève muni d'une feuille de papier blanc, d'un crayon noir et de mie de pain pour effacer, est assis devant une table inclinée en pupitre. Devant lui est placé son modèle dans une position verticale. Le premier modèle est une ligne droite. Le professeur, s'adressant à l'élève, commence

la première leçon. Voici le sens général de ses
paroles :

Premier modèle. (E)

« Il vous faut imiter sur votre papier la ligne
AB, telle que vous la voyez sur votre modèle.
Vous devez la reproduire exactement comme grandeur et comme netteté. Il faut nécessairement
commencer par l'un des deux points extrêmes
de la ligne. Choisissons, par exemple, le point A.
Placez-le à volonté sur votre papier comme
devant être votre point de départ. Si vous aviez
maintenant le point B placé relativement au
point A, comme il l'est dans votre modèle, il ne
s'agirait plus que de tracer la ligne réunissant
les deux points. Cherchez donc la position du
point B, en appréciant la distance qui le sépare du
point A, et cela avec le seul jugement de votre
œil ; car toute mesure prise à l'aide d'un instru-

ment supprimerait précisément l'exercice qui, seul, peut former la justesse du coup d'œil. »

Le point cherché étant déterminé par l'élève, après plus ou moins de tâtonnement, avec une justesse suffisante, le professeur continue :

« Il s'agit maintenant de tracer la ligne qui relie le point de départ et le point d'arrivée. Il ne faut pas chercher à la faire d'un seul jet (F). Il est plus sûr de la préparer, d'abord, par une suite de points plus ou moins espacés entre eux. Ce premier tâtonnement devra être passé à la mie de pain, afin de n'en conserver qu'une trace légère, sur laquelle vous exécuterez la ligne définitive, reproduisant à la fois la grandeur et la netteté du modèle. »

Quelle que soit la simplicité de cette première tâche, elle paraîtra presque toujours difficile et devra, généralement, être recommencée plusieurs fois.

Le professeur doit se montrer très-sévère pour ce premier résultat. Il importe au plus haut degré que l'élève ne passe jamais à une difficulté supérieure avant d'avoir surmonté la précédente. C'est le seul moyen de lui faire parcourir, avec certitude et succès, toute la série progressive des études.

L'enfant, toujours désireux de changement, voudrait sans cesse un nouveau modèle. Certains professeurs croient lui donner plus de goût et d'entrain, en cédant à sa fantaisie ; c'est là une grave et funeste erreur. Après un nouveau modèle accordé à son importunité, notre écolier en demandera bientôt un autre ; rebuté par les moindres difficultés, il n'en surmontera jamais aucune ; il restera toujours dans son ignorance première. Cependant les difficultés croîtront bientôt à force de changements de modèles de plus en plus compliqués. Elles deviendront enfin tout à fait impossibles à vaincre. Reconnaissant alors son impuissance, le jeune élève tombera dans un profond dégoût et un découragement incurable.

Si le professeur, au contraire, fidèle observateur de la méthode, oblige le commençant, dès son premier dessin, à persister jusqu'à réussite satisfaisante, en lui faisant bien comprendre que c'est là, pour lui, l'unique moyen d'obtenir un changement de modèle, l'élève s'évertuera et finira par réussir. Ses efforts, quelquefois très-pénibles, donneront plus de prix au bon résultat obtenu. Il se complaira dans son ouvrage, ne fût-ce qu'une simple ligne droite, s'il est parvenu à l'exécuter avec netteté, propreté et exactitude. Satisfait de son premier succès, il sera prêt à un nouvel effort et entrera ainsi, dès ses premiers pas, dans la voie saine et féconde du travail persévérant.

Deuxième leçon.

Deuxième modèle.

Après cette première initiation, on passera à un second modèle, en choisissant, par exemple, un carré qui a le double avantage d'obliger l'élève à répéter quatre fois l'exercice précédent, et de familiariser son œil et sa main avec les lignes horizontales, verticales et parallèles.

Bien que la connaissance des conditions constitutives du carré, ainsi que des lignes horizontales, verticales et parallèles, soit donnée spé-

cialement dans les leçons de géométrie ou de
dessin linéaire, exécuté avec les instruments, il
est bon de rappeler ces notions essentielles.
Elles importent d'ailleurs ici à la bonne exécution qui doit se rapprocher, le plus possible,
de celle que peuvent donner la règle et le
compas (G).

Le professeur devra donc obtenir l'exactitude
rigoureuse des grandeurs, la rectitude et la pureté des lignes, avant de mettre à l'étude une
première courbe, dans un troisième modèle re-
présentant un cercle inscrit dans un carré.

Troisième leçon.

Troisième modèle.

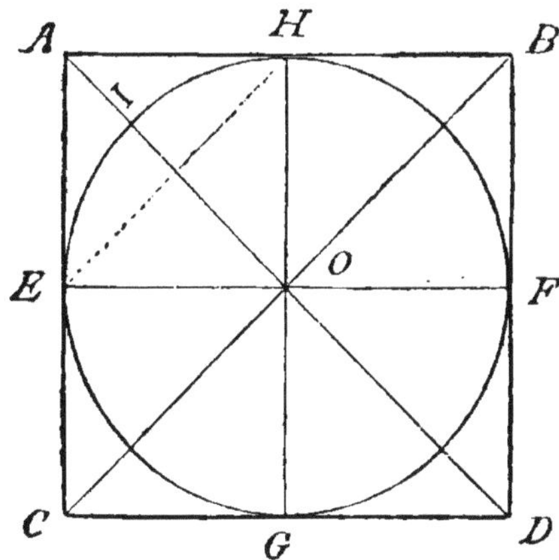

L'élève après avoir exécuté le carré comme il

l'a fait précédemment devra, de plus, mener les diagonales AD et BC ; puis, divisant en deux parties égales et, toujours sans emploi d'aucun instrument, chacun des quatre côtés du carré, il marquera les points de milieu H, E, G, F ; il mènera ensuite les lignes HG, EF. Le professeur fera remarquer que, dans le modèle, le premier quart de cercle, qu'il faut imiter d'abord, touche les lignes droites en trois points E, I, H, dont on possède déjà les deux premiers E, H. Si donc on marquait dans la copie, sur la diagonale AD, le point I, après avoir apprécié par le coup d'œil son éloignement du point A, on aurait les trois points de repère E, I, H, par lesquels doit passer le premier quart de cercle. Puis, répétant, trois fois encore, les mêmes opérations pour les trois autres quarts, on aurait le cercle tout entier.

Le professeur ne manquera pas de rappeler à l'élève, toujours naturellement disposé à agir sans réflexion et sans méthode, qu'au lieu de tracer vivement et à main levée, soit les lignes droites, soit chaque arc de cercle, il doit toujours procéder par tâtonnement, en marquant des points pour arriver plus sûrement à la rectitude des lignes et à la justesse de la forme. Il sera, d'ailleurs, aidé dans le dessin de sa courbe par le voisinage des lignes droites AE, AH, auxquelles il devra la comparer en jugeant, sur son modèle, de combien les différents points de cette courbe se rapprochent ou s'éloignent des lignes droites qui leur sont tangentes. Cette utilité des lignes droites, pour se rendre compte des degrés de courbure, sera rendue surtout évidente si l'on mène la corde EH qui facilitera. encore davantage, l'appréciation de l'arc de cercle E, I, H.

L'élève aura bientôt reconnu de lui-même combien les lignes horizontales et verticales, tracées sur son modèle, lui ont été utiles, soit pour déterminer les points de repère, soit pour juger la forme des courbes, par leur comparaison avec les lignes droites. C'est le moment de l'avertir que les dessins qu'il s'agira maintenant de copier, et à plus forte raison les objets naturels, dont l'étude doit venir à son tour, ne présenteront plus ces lignes secourables si complaisamment tracées. Faut-il donc renoncer aux avantages qu'on vient de leur reconnaître ? Nullement ; mais on doit apprendre à les simuler, en les traçant dans l'espace ou, si l'on veut, pour commencer, en les figurant avec le porte-crayon. Tel est l'objet du quatrième modèle. Il offre un exercice d'une grande importance pour le commençant, et réclame, de sa part, une attention toute particulière.

Quatrième leçon.

Quatrième modèle.

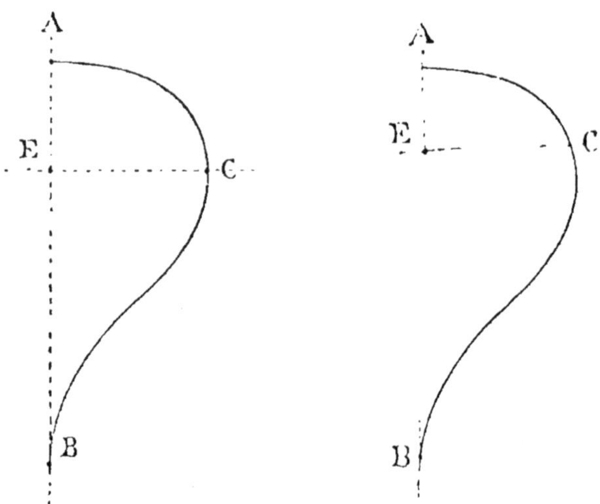

Pour plus de clarté dans l'explication, j'ai placé en regard, d'un côté le modèle sans lignes d'opérations ; de l'autre la copie où les lignes d'opérations sont tracées.

Choisissons d'abord, sur le modèle, un point de départ, soit le point A, et portons-le à volonté sur le papier de notre copie en **A**. Du point **A**, sur le modèle, abaissons une ligne verticale indéfinie, mais fictive, c'est-à-dire tracée seulement dans l'espace ou figurée par le porte-crayon : nous voyons que cette ligne passe par le point **B**. Du point **A**, sur la copie, nous abaissons également une ligne verticale indéfinie, mais, ici, tracée réellement et sur laquelle nous portons la distance **AB**, après l'avoir appréciée, sur le modèle, sans le secours des instruments. Ayant ainsi déterminé la longueur du dessin, passons à la recherche de sa largeur.

Après avoir remarqué, sur le modèle, le point **C**, comme étant le plus saillant du contour et donnant, par conséquent, la plus grande largeur du dessin, nous menons de ce point une ligne horizontale, indéfinie et fictive, qui coupe la ligne verticale fictive **AB** en **E** à une distance du point **A**, que nous apprécions par le coup d'œil, que nous gardons dans notre mémoire et reportons sur notre copie en **E**. De ce point **E**, nous menons une horizontale, indéfinie, réelle. Revenant enfin au point **E** sur le modèle, nous n'avons plus qu'à apprécier la distance **EC** et à la reporter sur la ligne horizontale réelle **EC** de la copie, en **C**.

Nous avons alors trois points de repère ABC, pour tracer la courbe demandée.

Le moyen que nous venons d'employer pour déterminer les différents points et, par suite, les places et les formes, n'est rien moins que le procédé pratique fondamental du dessin Contrairement à tous les moyens qui se basent sur de faux principes, il n'a pas besoin d'être modifié sans cesse. Il est toujours applicable aussi bien à la copie des modèles dessinés qu'à l'imitation des objets naturels, depuis les premiers commencements du dessin jusqu'à sa pratique la plus avancée.

Ce moyen est employé journellement par la plupart des artistes, mais un grand nombre d'entre eux ne s'en rend nullement compte ; ils ne sont arrivés à en faire usage qu'après beaucoup de tâtonnements et de temps perdu.

Il ne s'agit donc point ici d'inculquer à des enfants des idées nouvelles et arbitraires, mais bien de les initier, dès l'abord, à une pratique à laquelle il leur faudra toujours arriver, mais trop souvent, par des voies aussi lentes qu'incertaines. Pour atteindre plus directement et plus complétement le but, il est nécessaire de procéder avec ordre et connaissance de cause, de substituer enfin la méthode à l'empirisme.

Lorsque l'élève aura compris que la première recherche des places et des formes consiste à apprécier des positions de points, il apprendra bientôt à choisir entre eux les plus remarquables, les plus favorables à son travail, et à faire abstraction des moins nécessaires. Il sera conduit ainsi naturellement à la conception vraie et intelligente de la masse, et sentira qu'il faut, d'abord, l'assurer rapidement par quelques points principaux, au lieu de se livrer, comme il arrive si souvent, à un barbouillage confus, sans aucune base ni aucune intention précises.

On peut certainement employer, pour la détermination des points dans la pratique du dessin, des lignes obliques, des ouvertures d'angle, etc., etc. Mais, si l'on veut bien y réfléchir, on reconnaîtra que, les lignes horizontales ou verticales, ayant une position fixe, déterminée, offrent seules une base d'appréciation et de comparaison positive. Elles doivent donc être exclusivement employées dans les premiers commencements de l'étude du dessin.

Il me paraît inutile d'insister davantage sur

l'importance de l'emploi des lignes horizontales
et verticales ; je crois suffisants les quelques
exemples que je viens de donner de leurs premières applications, pour bien faire comprendre
au professeur le principe et le début de la méthode. A lui maintenant de développer les explications, de varier et de combiner les cas divers,
dans une suite de cinq ou six modèles continuant
à présenter quelques courbes de difficultés pro-
gressives. Ces modèles devront toujours conserver l'extrême simplicité que comporte le premier degré d'enseignement, et ne jamais excéder
la portée de l'élève, afin de pouvoir toujours être
exécutés d'une manière complétement satisfaisante.

Le professeur doit surveiller avec un grand
soin l'enfant qu'il dirige dans ses premières
études, afin de s'assurer qu'il comprend et exécute bien ses opérations, puisqu'il s'agit de lui en
faire contracter une habitude telle qu'il arrive à
les faire sans y penser et pour ainsi dire instincti-
vement. Il doit en être pour la pratique du dessin
comme pour celle de la lecture, où l'intelligence,
pour être tout entière au sens de ce qu'il s'agit de
lire, ne doit plus avoir à s'occuper des opérations
compliquées de la lecture elle-même.

Si l'élève a suivi régulièrement, sous l'œil d'un professeur attentif, la marche que je viens de tracer, il aura bientôt acquis une certaine rectitude du coup d'œil, par le jugement des distances ; un premier développement de l'habileté de la main, par l'imitation des formes, aidée du tâtonnement par points. Il possédera, dans l'usage des lignes horizontales et verticales, un moyen régulier et positif de recherche, et aura enfin contracté un commencement d'habitude très-précieuse d'ordre et de suite dans les idées et dans le travail.

Après avoir reçu ces préparations essentielles qui constituent le premier degré d'enseignement, l'élève, pourvu de facultés suffisamment exercées, se trouvera en état d'aborder la seconde période d'étude dans des conditions régulières et favorables.

LETTRE DEUXIÈME.

Le choix des modèles destinés à faire suite à ceux du premier degré réclame une attention toute particulière.

Le professeur devra former et graduer avec soin un répertoire de modèles pour la deuxième période d'études, en commençant, s'il le préfère, suivant l'avis de Léonard de Vinci, par des fragments de têtes humaines, puis passant à des têtes entières présentées sous des aspects variés. Le professeur doit rester libre de choisir pour ses modèles d'autres sujets que des figures. La seule condition qui lui soit imposée rigoureusement est de bien échelonner les difficultés. Ces modèles, quels qu'ils soient, devront offrir d'abord de simples traits, puis quelques ombres très-légères, enfin quelques effets d'un modelé plus avancé. Ils devront être exécutés soit en dessin, soit en gravure ou en lithographie. Les modèles dessinés ou gravés ne doivent être considérés en général

que comme des exercices préparatoires, leur
emploi ne doit pas être trop prolongé. Il importe
qu'ils soient corrects et capables de donner, sous
le rapport du goût, de premières impressions salu-
taires. Ils doivent surtout être judicieusement
proportionnés au degré de savoir des élèves, afin
que le professeur puisse continuer à exiger une
bonne et complète exécution.

Aussitôt qu'il aura constaté comme acquise,
une certaine habileté pour la mise au trait et
pour le travail des ombres, le professeur devra
s'empresser de mettre à l'étude quelques solides
en plâtre ou en bois peint en blanc, classés ainsi
qu'il suit : un cube, un prisme, une pyramide, un
cylindre, un cône, une sphère.

L'étude du modèle en relief peut seule développer complétement l'intelligence du jeune dessinateur, en lui faisant voir dans la réalité les modifications apparentes des grandeurs et de la forme,
suivant le point d'où elles sont observées, c'est-à-
dire les effets de perspective ou de raccourci,
dont il ne se rend nullement compte dans ses premiers modèles dessinés.

Cette étude donne seule aussi la pleine intelligence des teintes : ombres, lumières, demi-

teintes, ombres portées et reflets, en montrant dans la nature même les oppositions des plans, les dégradations de teintes produites par les rondeurs, enfin les rapports des différentes valeurs de teintes entre elles.

Cette première observation des objets réels intéresse toujours les élèves, parce qu'elle leur ouvre véritablement les yeux. Après s'y être livrés quelque temps, ils peuvent comprendre enfin leurs modèles, dessinés ou gravés, restés jusque-là, pour eux, lettre close et copiés à peu près d'une manière machinale. Devenus plus intelligibles, ces dessins ou gravures, loin d'être rejetés, comme on l'a souvent proposé, doivent être alternés avec les modèles en relief, sur lesquels ils possèdent, de leur côté, certains avantages réels qu'on aurait tort de méconnaître pour les premiers commencements. Ils sont, par exemple, plus favorables à l'étude de l'imitation exacte que les modèles en relief, comportant toujours une certaine interprétation personnelle. Ils sont également plus propres à rendre la main souple et habile, parce qu'ils l'obligent à des travaux moins libres et plus déterminés.

De sérieux motifs recommandent la figure humaine pour les modèles de dessin, surtout dans le premier enseignement. Elle impressionne l'élève par une physionomie beaucoup plus saisissante que celle de tout autre objet. Elle présente une ressemblance bien plus facile à constater entre le modèle et la copie, et par ce fait, un but à at—teindre mieux précisé et plus aisément compris.

La figure humaine résume toutes les formes et toutes les teintes possibles ; par conséquent, tous les cas variés, toutes les difficultés du dessin.

Il est d'expérience que les jeunes dessinateurs, dont l'éducation a été faite au moyen de l'étude de la figure, sont aptes, après quelque temps de spécialisation, à tous les autres genres de dessin, et s'y montrent généralement supérieurs. Il n'en est pas de même de ceux qui ont commencé par étudier un genre particulier : fleurs, ornements, animaux, paysage, paysage surtout. Ce dernier genre doit être écarté entièrement des premières études d'imitation. Il les entraverait sans nul doute, car, par sa nature même, il ne comporte point l'exactitude rigoureuse, mais les à peu près, les interprétations, les équivalents.

Ici se présente une question importante, celle de la manière de faire. Après de nombreuses expériences à ce sujet, je considère le crayon comme le seul instrument favorable aux premières études. L'estompe doit être proscrite, au moins dans les premières époques de l'enseignement. Elle porte le commençant au barbouillage, aux excès de noir, à la rondeur, à la mollesse. Plusieurs méthodes la recommandent cependant d'une manière exclusive, comme étant d'un emploi facile et couvrant vite le papier. Mais c'est là méconnaître les conditions spéciales de l'enseignement, et confondre d'une manière fâcheuse des procédés d'exécution, trouvés commodes par certains artistes, avec les moyens propres à exercer les élèves.

L'estompe, par la facilité même qu'elle donne pour couvrir promptement de grandes surfaces, supprime ou du moins diminue la gymnastique de la main, et par suite le développement de la finesse du tact. Plus ferme, plus sûr que l'estompe, le crayon transmet mieux les impressions de l'artiste, et les exprime dans leurs nuances les plus variées. Le crayon est l'instrument intelligent, spirituel, énergique par excellence. Les grands maîtres du dessin l'ont toujours préféré (H).

Pendant la seconde phase de l'enseignement, le

professeur continuera à suivre avec sollicitude le travail de ses élèves, toujours prêt à les rappeler aux principes, s'il est nécessaire. Il leur redira, au besoin, l'usage des points et des lignes. Il leur fera comprendre, par la pratique, l'avantage de commencer invariablement un dessin un peu compliqué, par en indiquer la masse ; mais, en donnant pour base à ce premier aperçu de l'ensemble, quelques points bien choisis, exactement placés.

A ces moyens déjà connus, il en joindra de nouveaux, réclamés par des difficultés nouvelles.

Il enseignera, surtout, à procéder toujours, pour le jugement des grandeurs ou des teintes, des détails ou de l'ensemble, par comparaisons, par rapports, par unité de mesure. Mais pour bien faire comprendre cet enseignement si important, le professeur devra en faire lui-même, dans ses leçons, une application constante. A cet effet, il aura soin de se placer avec l'élève, dont il voudra corriger le dessin, à une certaine distance de ce dessin, mis à côté et en regard du modèle. Puis, afin de s'expliquer avec plus de précision, et d'être à même de toucher l'endroit sur lequel il voudra appeler l'attention, il se servira d'une de ces longues baguettes, appelées par les peintres *appui-main*. Les comparaisons, les rapports qu'il établira alors, entre la copie et le modèle, entre les parties et l'ensemble, ses remarques, sés observations diverses, frapperont, intéresseront par leur évidence. Bientôt convaincu des avantages de cette méthode, l'élève l'adoptera de lui-même, et la mettra en pratique. Dès qu'il en aura contracté une certaine habitude, on verra se développer, en lui, comme une conception nouvelle. Ses dessins, sans cesser d'être fidèles et naïfs, deviendront en même temps mieux compris ; on ne tardera pas à y voir poindre les premiers germes de l'intelligence et du sentiment artistique.

Alors sera atteint le but des études du deuxième degré ; et dans la période suivante il deviendra possible d'essayer des difficultés nouvelles et d'un ordre plus élevé.

LETTRE TROISIÈME.

Nous avons conduit jusqu'ici les élèves, quant au dessin copié, jusqu'à des têtes ombrées. Ils peuvent passer maintenant à quelques études de pieds et de mains pour arriver aux académies, qui devront être l'occasion d'utiles exercices sur l'ensemble (I).

Il faut éviter aujourd'hui l'abus fait autrefois des modèles-estampes. Ils continueront cependant à être copiés alternativement avec les modèles en relief, mais dans une judicieuse mesure. L'étude de ces derniers doit prendre, en proportion de l'avancement des élèves, une plus grande prépondérance ; elle réclame une part de temps beaucoup plus considérable.

Après avoir, dans le deuxième degré, initié l'élève à l'étude du relief, au moyen du dessin des solides, nous continuerons, dans le troisième degré, la série des études de la ronde bosse par des fragments de têtes moulés séparément, bien gradués et entremêlés, si le professeur le désire, de quelques détails d'ornement. C'est là une transition essentielle, dont l'expérience nous a démontré l'efficacité, pour arriver plus sûrement aux difficultés de plus en plus sérieuses que présenteront des têtes complètes, des extrémités, enfin des motifs d'ornement et des figures entières d'après la bosse.

Quelques masques moulés sur nature peuvent être tout d'abord étudiés utilement; mais les moulages sur l'antique offrent, en nombre infini au choix du professeur, des modèles aussi variés qu'excellents.

Malheureusement, les modèles de dessin sont loin de nous offrir un contingent aussi riche. Ceux qui peuvent être considérés comme bons ou seulement acceptables restent, jusqu'ici, en très-petit nombre. Les auteurs de la plupart d'entr'eux ne semblent pas s'être rendu bien compte des qualités qu'exigerait un modèle : elles sont nombreuses, et, partant, difficiles à réunir. Un bon modèle de dessin devrait être correct et de bon goût, simple et naturel, c'est-à-dire sans affectation de carrés ou d'autres formes conventionnelles. Il devrait être d'apparence libre, facile et engageante pour les élèves. Il y faudrait beaucoup de science sans pédantisme, de la vérité avec distinction, des effets larges et simplifiés sans monotonie. L'absence presque complète de bons modèles a fait songer naturellement à ces admirables dessins de maîtres, que possèdent nos musées, et l'on a pensé, avec de grandes apparences de raison, ne pouvoir trouver de modèles plus parfaits que des photographies reproduisant exactement les chefs-d'œuvre des plus grands maîtres.

Mais confondant le point de vue de l'art avec celui de l'enseignement, on a oublié que ces dessins, faits le plus souvent par les maîtres, pour la préparation de leurs œuvres, sont presque toujours difficiles, presque impossibles à copier, même pour de très-habiles artistes ; à plus forte raison, ne se trouvent-ils nullement appropriés aux différents degrés d'avancement des élèves. Sans parler des taches, des parties effacées, dont ces dessins abondent, ils sont remplis de tâtonnements, d'essais de différents contours, qui nous font suivre avec un vif intérêt les recherches et les pensées successives des maîtres, mais sont, pour des jeunes gens encore inexpérimentés, des

mystères incompréhensibles, des difficultés inex-
tricables.

La grande simplicité d'aspect des dessins originaux d'Holbein a, sans doute, suggéré la pensée
d'en faire des modèles élémentaires. Mais ces contours si simples à première vue sont, en réalité,
épurés avec tant de finesse et, l'on peut dire,
si juste à point, que la moindre déviation du
copiste les dénature tout à fait. Quant à l'admirable modelé des têtes d'Holbein, rien de si difficile que d'en bien rendre les savantes simplifi-
cations et les exquises délicatesses. Laissons à
ces inimitables dessins leur rôle véritable et supérieur dans l'enseignement ; reproduisons-les
par la photographie, afin de les livrer à l'observation, à l'admiration des jeunes artistes devenus
capables d'en comprendre les hautes leçons (J).

Après de nombreux essais, on a pu se con-
vaincre de l'impossibilité pratique de la plupart
des modèles photographiés ; ces expériences n'en
restent pas moins fort louables, fort utiles, et
les hommes de savoir et de dévouement qui s'en
sont occupés ont rendu un éminent service, en
élucidant une question aussi intéressante. Ils pa-
raissent chercher maintenant à rendre plus intel-

ligibles aux élèves certains dessins de maîtres, en les traduisant par la lithographie. On peut espérer dans cette nouvelle voie de très-heureux résultats, surtout si l'on sait se bien pénétrer des conditions spéciales et nécessaires de l'en—seignement.

En attendant que l'idéal du parfait modèle de dessin soit complétement réalisé, le professeur mettra tous ses soins à rassembler ce qui lui paraîtra le plus convenable parmi les modèles existants et le mieux approprié aux études du troisième degré. Il devra, surtout, attacher la plus grande importance aux travaux qu'il fera exécuter, d'après la bosse par les élèves, en apportant toujours une grande sévérité dans l'acceptation d'un dessin, avant de faire passer son auteur à un modèle d'un degré ou d'un caractère plus difficile.

Plus que jamais, dans la troisième période d'enseignement, le professeur suivra le mode de correction déjà adopté. C'est-à-dire qu'après avoir examiné de près certaines finesses de la forme et du travail, il portera toujours ses jugements de loin sur le dessin et sur le modèle, placés à côté l'un de l'autre, en faisant sa démonstration à l'aide de l'appuie-main.

Cet enseignement tout de comparaisons et de raisonnements ne peut tarder à éveiller chez l'élève les facultés d'observation. C'est le moment de leur donner un nouvel et puissant essor par l'étude du dessin de mémoire [1].

Ainsi que je l'ai souvent déclaré, cet exercice n'est point une méthode de dessin ; c'est un des moyens qui doit, comme tous les autres, fonctionner avec sa juste mesure dans l'ensemble des études qui constituent l'enseignement du dessin.

Il ne s'agit donc, en aucune façon, d'apprendre à dessiner uniquement par la mémoire. Nous proposons une manière rationnelle d'enseigner le dessin de mémoire, mais confondre cette méthode spéciale avec la méthode générale de dessin, c'est prendre la partie pour le tout.

Cet enseignement, du reste, n'est nullement fondé sur des principes à part, il procède toujours du simple au composé, par difficultés graduées et successives. Les sujets des modèles sont empruntés de préférence à la figure humaine, parce qu'il importe de présenter d'abord à la mémoire

---

1. Voir l'*Éducation de la mémoire pittoresque*, mémoire spéciale des formes.

des objets dont la physionomie soit aisément sai-
sissable.

Afin de choisir un point de départ facile, on
pourra commencer, si l'on veut, par un nez de
profil au trait. Chaque élève emportera chez lui
ce premier modèle, pour l'étudier comme on ap-
prend une leçon par cœur. Il le dessinera plusieurs
fois ou se contentera de l'observer attentivement,
en faisant des remarques qui puissent aider son
souvenir. Le temps accordé pour ce travail devra
d'abord être assez long.

Au terme fixé, chaque élève remettra au professeur son modèle ; revenu à sa place, il le dessinera entièrement de souvenir. Après avoir exécuté ce travail de son mieux, il le soumettra aux
observations du professeur. Puis, bien pénétré
des différences qui lui auront été signalées et
qu'il aura reconnues lui-même, il retournera encore à sa place pour faire de mémoire les modifications nécessaires. Ces corrections seront
répétées jusqu'à résultat très-satisfaisant. Il faut
obtenir sinon une exactitude tout à fait aussi rigoureuse que s'il s'agissait d'une copie ordinaire,
du moins une très-grande approximation.

Le tact et l'expérience sont ici d'une extrême

importance, pour bien apprécier ce qu'il est possible d'obtenir de la mémoire. De la juste sévérité des exigences sur ce point, dépendent tous les progrès ultérieurs.

On peut employer, pour aider les exercices de mémoire, la plupart des moyens déjà appliqués pour le dessin ordinaire : par exemple, les lignes horizontales et verticales, tirées idéalement sur le modèle, et donnant par leurs intersections avec les formes du dessin des points de repère précieux pour le souvenir. On peut conseiller aussi la comparaison des grandeurs, des formes ou des teintes entre elles, ou bien encore l'emploi des unités de mesure, des échelles de proportion, etc.

Tous ces moyens doivent être proposés, mais non imposés aux élèves : les opérations de la mémoire sont de nature trop intimes et, il faut le dire, encore trop mystérieuses, pour qu'on doive y intervenir sans une extrême circonspection.

Il est constant que des manières d'opérer, acceptées par certains élèves, ne conviennent nullement à d'autres; chacun d'eux ne tarde pas à se faire ses procédés personnels.

Du reste, il arrive un moment où tous ces moyens, très-utiles et très-employés dans les commencements, sont peu à peu négligés, parce qu'ils deviennent de moins en moins nécessaires.

Il se produit, par l'exercice méthodique de la mémoire, un grand développement de la faculté de voir dans l'espace, un objet qui a été bien observé, mais qu'on n'a plus sous les yeux; alors il devient possible de le dessiner, à peu près, comme s'il était présent. Ce résultat, est-il besoin de le dire ? est obtenu chez les jeunes gens, en raison du travail et de l'organisation naturelle de chacun d'eux. Les uns voient nettement l'ensemble de leur modèle, les autres ne voient cet ensemble que d'une manière confuse. Quelquefois, un détail qui les frappe particulièrement se présente clairement à leur esprit, et les conduit successivement aux autres détails qui l'avoisinent.

Le professeur devra exécuter lui-même le répertoire des modèles destinés à l'étude de mémoire, avec les gradations bien classées, progressions essentielles qui exigent une expérience toute spéciale. Il comprendra que le plus ou le moins de difficulté d'un modèle pour la mémoire ne résulte pas de ce qu'il représente tel trait de la figure ou tout autre objet, mais de son degré de complication et de certains caractères qui frappent l'at—

tention davantage : ainsi, les formes laides, gro-
tesques ou bizarres, sont, entre toutes, celles qui
se retiennent le mieux, du moins, dans les commencements ; plus tard, les jeunes gens chez
lesquels le sentiment du beau commence à se
développer, se souviennent souvent avec plus de
facilité des belles formes, parce qu'ils en sont
plus vivement émus.

Mais n'anticipons pas sur un enseignement
plus avancé de la mémoire. Bornons-nous ici à
celui que comporte le troisième degré, c'est-à-
dire à une série d'études pouvant commencer par
un nez de profil, au trait, et arrivant par une suite
de gradations à de petites têtes d'abord, au trait
seulement, puis légèrement ombrées.

Les exercices de la mémoire ne doivent aucunement remplacer les études ordinaires ; les deux
doivent avancer de front et se prêter une aide ré-
ciproque.

On peut diminuer peu à peu le temps donné
aux élèves pour étudier chez eux leurs leçons par
cœur, à condition de proportionner cette latitude
aux progrès déjà obtenus : les leçons destinées
à l'exécution de mémoire ou, si l'on veut, *à la
récitation dessinée*, peuvent être, pour le troi-

sième degré, d'une à deux par semaine, c'est-à-dire au nombre d'une ou de deux pour six leçons consacrées au dessin ordinaire.

Parvenus à la fin de la troisième période de notre enseignement, nos élèves sont arrivés à copier des têtes et des académies, soit d'après le modèle dessiné, soit d'après l'antique.

De plus, leurs facultés d'observation et de mémoire ont reçu un premier commencement de culture, qui leur permet de reproduire de souvenir de petites têtes d'après le dessin.

Ce sont là des résultats encore bien modestes, déjà précieux cependant s'ils sont sincères, exempts d'habitudes vicieuses, obtenus par la pratique de principes féconds pour l'avenir.

Ces premières connaissances indispensables acquises, et ces préliminaires essentiels terminés, nous entrerons dans la quatrième période où se prononce définitivement, dans les études, le ca -ractère artistique (K).

LETTRE QUATRIÈME.

QUATRIÈME DEGRÉ D'ENSEIGNEMENT.

L'enseignement, désormais dégagé de ses premières difficultés, va se développer plus librement, se compléter, se compliquer davantage. Pour éviter la confusion et mettre dans nos explications l'ordre et la clarté nécessaires, nous examinerons à part chacune des principales études qui font l'objet du quatrième degré ; elles sont au nombre de sept : l'étude de l'antique et des maîtres, l'étude du modèle vivant, l'anatomie, la perspective et le dessin d'architecture, la peinture, les exercices de la mémoire, pour la forme et pour la couleur, enfin la composition, application et résumé de toutes les autres études.

Étude de l'antique et des maîtres.

Jusqu'ici de bonnes réductions d'après l'antique ont pu paraître des modèles suffisants ; à partir du quatrième degré, rien de trop parfait ne saurait être mis sous les yeux des élèves.

On doit, autant que possible, leur donner à étudier des moulages faits sur les originaux, ou, mieux encore, mais seulement vers la fin de la quatrième période, leur faire étudier dans les musées, les originaux eux-mêmes. On pourra joindre à l'étude de l'antique celle de quelques sculptures de Michel-Ange et d'autres grands maîtres de la statuaire, afin de montrer qu'en dehors des admirables types grecs, il peut se produire de nouvelles conceptions de la beauté. Les musées et les bibliothèques offrent encore d'autres modèles également précieux, qui présentent d'innombrables sujets de copies, de croquis et d'observations.

Vers la fin de la quatrième période, le professeur décidera du moment où l'élève pourra, graduellement et dans une certaine mesure, être affranchi de la régularité des leçons et de la discipline de la classe. Alors, il le conduira lui-même dans les musées, il lui indiquera une tâche déterminée et en suivra régulièrement l'exécution.

Ici se développe et s'élève la mission du professeur. En présence des chefs-d'œuvre qu'il est

appelé à faire comprendre, il doit, non-seulement
posséder les connaissances, le goût, le sentiment
d'un véritable artiste ; il lui faut encore savoir
apprécier en professeur, c'est-à-dire, sans prédi-
lection exclusive, avec une largeur compréhen-
sive de toutes les belles expressions de l'art. Si
grande que puisse être son admiration pour les
maîtres, il n'oubliera pas que les jeunes gens,
tout en les copiant, les étudiant avec passion,
ne doivent pas s'absorber sans réserve dans l'imitation de leurs œuvres, afin de conserver intact ce
qu'il y a de si précieux pour un artiste : son sentiment intime et sa propre initiative (L).

Étude du modèle vivant.

L'étude du modèle vivant est des plus importantes. Aussi faut-il lui attribuer une large part
pendant tout le cours de la quatrième période.

L'élève sera d'abord un peu troublé, en présence d'un modèle qui n'a plus l'immobilité absolue ni l'unité de ton des plâtres qu'il a étudiés
jusqu'alors. Le professeur le rassurera quant à la
durée de cette difficulté ordinairement très-passa-
gère. Il lui prescrira de commencer par plusieurs

ensembles sans ombre, pour apprendre à saisir un mouvement avec rapidité (M). Il le tiendra surtout en garde contre les détails trop multipliés et trop apparents, qu'il faut toujours subordonner à la masse, si l'on veut ennoblir la forme, simplifier et élargir l'effet.

C'est dans le dessin de la figure d'après nature que doit commencer à se manifester d'une manière décisive la façon particulière de sentir et d'exprimer de chaque élève. L'antique nous apparaît avec une perfection telle qu'on ne peut songer un seul instant à le modifier, à l'embellir. Le modèle vivant, au contraire, quelle qu'en puisse être la beauté relative, laisse toujours découvrir certains défauts à atténuer ou à corriger. Son aspect, dans la pose la plus tranquille, garde toujours de la mobilité de la vie, quelque chose de flottant et d'indéterminé. Aussi chacun le voit d'une manière différente et l'exprimerait de même, si des causes fâcheuses ne venaient empêcher, trop souvent, cette conséquence naturelle.

On a vu quelquefois, dans certains ateliers ou dans certaines écoles, les figures faites d'après nature présenter toutes le même caractère, la même manière de faire, la même couleur, et l'on n'a pas craint de préconiser un pareil résultat. Le grand avantage des ateliers, disait-on, est d'être comme des enseignements mutuels, où les élèves les plus forts montrent, par leur exemple, comment il faut sentir et exécuter.

Le professeur, pénétré des principes de notre méthode, reconnaîtra, au contraire, dans cette similitude de résultats, le danger de l'éducation artistique donnée en commun. Sans en méconnaître entièrement les avantages, il s'efforcera d'en atténuer les plus graves inconvénients. S'il aperçoit, chez un élève, la moindre tendance à imiter un de ses condisciples plus avancé ou à contrefaire les œuvres d'un artiste ancien ou moderne, fût-il des plus illustres, il l'arrêtera dès les premiers pas dans cette voie pernicieuse. Il lui fera sentir qu'il faut, avant tout, être soi-même, sous peine de perdre une part de sa dignité d'artiste. Les maîtres, dont les noms restent glorieux, sont ceux-là seuls dont l'individualité a été puissante et caractérisée.

L'étude de l'antique, combinée avec celle du modèle vivant, en est comme le correctif nécessaire. En ennoblissant le goût, elle le sauvegarde contre l'influence des laideurs et des pauvretés, dont nos plus beaux modèles ne sont pas toujours exempts.

Une réserve importante doit pourtant être faite à ce sujet : il ne faudrait pas, sous prétexte de corriger et d'ennoblir, substituer les formes de l'antique à celles du modèle, ainsi que l'ont fait la plupart des peintres du commencement de ce siècle, épris avec une passion peu judicieuse des beautés de la statuaire grecque. Un artiste peut, sans doute, se proposer, comme idéal, de faire aussi beau que l'antique, mais non de la même manière.

L'antique nous montre réunies : la beauté, la simplicité, la noblesse, la vérité. Ces grandes qualités de l'art sont celles qu'il faut désirer posséder, parce qu'elles sont des causes fécondes. Les formes dans lesquelles elles se sont manifestées jusqu'ici ne sont pas les seules qu'elles puissent produire, car rien n'est venu détruire leur puissance créatrice.

Que les jeunes gens étudient donc la nature vivante en toute sincérité, sans parti pris, suivant leur faculté particulière de voir. Mais qu'ils perfectionnent cette faculté et l'élèvent, s'ils le peuvent, à la hauteur de celles des grands ar-

tites de l'antiquité et des autres glorieuses
époques. C'est ainsi qu'ils pourront, à leur tour
et dans des données différentes, concevoir des
formes belles, nobles, vraies et en même temps
nouvelles (N).

Anatomie.

L'anatomie est le corollaire obligé de l'étude
du modèle vivant, l'explication indispensable des
formes de l'homme et des animaux (O). Cependant ce secours si nécessaire à l'élève ne doit lui
être donné que lors qu'il a déjà dessiné quelques
figures d'après nature, parce qu'il désire vivement
alors connaître les causes déterminantes des
formes extérieures et de leurs modifications, selon
les divers mouvements.

Autre motif très-sérieux de ne point faire étudier prématurément l'anatomie : on doit craindre
d'entraîner les jeunes gens à substituer l'application de leurs connaissances anatomiques à l'imitation naïve du modèle.

C'est sans doute sous l'empire de cette pensée
que *Ingres* avait proscrit de son atelier l'étude
de l'anatomie. Mais le danger redouté, non sans

raison, par l'illustre maître pourrait être évité, en n'enseignant l'anatomie qu'au moment opportun, c'est-à-dire lorsque les élèves auraient fait leurs preuves de sincérité et de naïveté, dans un certain nombre de dessins exécutés d'après nature.

Le professeur leur ferait comprendre facilement, alors, la possibilité et l'avantage de concilier la naïveté avec la science, en se rendant bien compte de la part légitime qui appartient à l'une et à l'autre.

L'anatomie des formes humaines enseigne les lois générales de ces formes, le modèle vivant en montre les caractères particuliers.

Les modèles, quels que soient la nature, le sexe ou l'âge de chacun d'eux, auront toujours les mêmes muscles. Ils auront toujours, par exemple, un deltoïde avec ses points d'attache déterminés. Voilà le fait général que constate l'anatomie, et dans la connaissance duquel l'élève trouvera une notion positive, assurée ; mais le deltoïde de chaque modèle présentera toujours quelques différences d'aspect ; c'est le caractère particulier que l'élève doit toujours être apte à exprimer dans ses diversités infinies.

Il existe plusieurs traités d'anatomie destinés

spécialement aux sculpteurs et aux peintres ; mais les savants médecins auxquels ils sont dus n'ont pu toujours, malgré leurs excellentes intentions, se placer au véritable point de vue artistique. Aussi, ont-ils multiplié souvent les détails super-flus, en omettant les explications les plus néces-saires.

Il appartient au professeur de résumer ces différents ouvrages et d'en combler les lacunes essentielles. Ce petit travail, aussi abrégé que possible, devra être appris par cœur et possédé d'une manière imperturbable par les élèves qui devront répondre sans aucune hésitation à des questions faites devant le modèle, l'écorché ou le squelette ; voici quelques exemples de ces ques-tions :

— Dites le nom de cet os et de ses apophises ? — Nommez ce muscle ? — Dites-en les points d'attache ? — Indiquez ses tendons et ses aponé-vroses ? — Expliquez ses fonctions ? — Quelle est la raison de cette saillie ? — Est-elle muscu-laire ou osseuse ? — Expliquer les causes ana-tomiques des changements de formes résultant de ce mouvement ? — Rendez compte, par exemple, de la modification considérable qui se produit dans l'aspect du genou, suivant que la jambe est tendue ou fléchie ? — Donnez la raison de la différence de galbe que l'on remarque dans les contours internes et externes des membres supérieurs ou inférieurs soit, par exemple, de l'avant-bras ?

On variera et multipliera ces questions, en exigeant des réponses rapides, car l'artiste, soit qu'il copie la nature ou qu'il compose, n'a point le loisir de compulser des recueils. Il lui faut, en quelque sorte, savoir lire et écrire l'anatomie couramment. On aidera d'ailleurs beaucoup ce résultat en faisant suivre aux élèves les plus avancés quelques cours, où ils pourront assister à des dissections.

On ne saurait trop recommander au professeur, comme moyen d'inculquer aux jeunes gens la connaissance approfondie de la construction humaine, l'exercice dont voici l'indication :

On fera d'abord dessiner d'après nature, par l'élève, une figure dans laquelle il accusera d'une manière marquée, exagérée même, toutes les saillies produites par les os. Puis, sur un calque de ce dessin et avec le squelette sous les yeux, ou possédé dans la mémoire, il dessinera chacun des os, en suivant, comme points de repère, toutes les saillies osseuses données par le modèle vivant et accusées sur le calque du dessin. Il aura ainsi un squelette; non plus dans la pose roide et immuable du squelette ordinaire, mais dans le mouvement exact du modèle vivant.

La charpente osseuse ainsi établie, dans un mouvement vrai et déterminé, il reste à la revêtir de l'appareil musculaire : le calque donne les contours des muscles ; il suffit donc de les suivre, depuis ces points de repère extérieurs jusqu'à leurs insertions sur les os, et l'on aura réalisé, en dessin, la fiction du squelette et de l'écorché vivants.

Les dessins, dans lesquels sont obtenus ces résultats si instructifs, doivent être appris par cœur et dessinés de souvenir, sur la demande du professeur. C'est une des applications les plus importantes du dessin de mémoire ; car l'anatomie doit être possédée par l'artiste, en images précises, toujours présentes à son esprit.

Évidemment, les plus puissants dessinateurs, tels que Raphaël et surtout Michel-Ange, procédaient par le squelette revêtu de muscles.

C'est par la connaissance approfondie et pra-

tique de la construction humaine, en en dégageant
en quelque sorte la loi, que l'artiste peut devenir
réellement créateur, et s'affranchir, à sa volonté,
de la servitude imposée si souvent à l'école moderne, par le modèle (O).

Dessin de mémoire.

Nous avons vu, dans la période précédente,
les élèves exécuter de mémoire de petites têtes,
d'après le dessin ou la gravure.

Ils entreprendront, maintenant, des têtes plus
difficiles, puis des figures entières, pour passer à
quelques groupes ou motifs d'après les maîtres.
Viendront ensuite les études de mémoire d'après
la ronde bosse, depuis des fragments de têtes
antiques jusqu'à des figures entières ou des bas-
reliefs.

Quant à la reproduction, de souvenir, des modèles vivants, elle doit être demandée avec une
judicieuse réserve et, seulement, lorsque le caractère ou la beauté des formes sont vraiment dignes
d'intérêt. Il y aurait grave inconvénient à meubler
la mémoire des jeunes gens d'images laides, com-
munes ou seulement insignifiantes. Car il ne faut

jamais oublier que l'éducation de la mémoire doit être, en même temps, celle du goût.

C'est dans cette pensée que nous indiquerons, ici, un exercice très-propre à cultiver le sentiment particulier du beau, dont chaque élève peut être doué.

A la fin d'une semaine de modèle, le professeur demanderait aux élèves la reproduction, de mémoire, de leur figure d'étude, idéalisée ainsi que nous allons l'expliquer :

Les jeunes gens, en exécutant leur étude d'après nature, ont dû se proposer surtout l'imitation fidèle ; s'ils ont remarqué dans leur modèle quelques défectuosités, ils n'ont pu les modifier qu'avec une grande réserve, dans la crainte de cesser d'être vrais. D'ailleurs, la nature présente s'imposait avec son charme et son autorité : loin d'elle et n'en ayant plus que le souvenir, ils reprennent possession de leur sentiment personnel. Ils redeviennent libres de corriger les défauts qui les ont blessés et de donner à la vérité, après l'avoir exprimée avec exactitude, les embellissements et les accents qu'ils lui désirent. Ils peuvent alors, pour répondre à l'appel qui leur est fait, reproduire de mémoire l'image du modèle en la perfectionnant, non point suivant certaines conventions imposées, mais selon leur propre conception, leur propre idéal.

Après avoir, par des exercices progressifs, rendu la mémoire apte à conserver l'image des formes fixes, telles que nous les présentent les dessins, la ronde bosse ou celles des formes plus changeantes des modèles vivants, il est temps de diriger définitivement cette faculté, fortifiée et assouplie vers sa véritable application artistique, qui est de retenir les effets fugitifs, les mouvements rapides et spontanés.

Pour atteindre ce résultat, il faut s'attacher d'abord à bien pénétrer les élèves de son importance, puis les engager à observer avec attention les scènes animées qui peuvent se présenter à eux dans leurs promenades, en choisissant de préférence, pour les premiers exercices, les sujets les plus simples, par exemple, un soldat en faction, un pauvre à la porte d'une église, un paysan portant un fardeau, etc., puis ces observations seront dessinées de mémoire, afin d'être soumises au professeur à un jour déterminé. Sans doute la vérification rigoureuse n'est plus, ici, possible, mais les élèves ont prouvé précédemment leur justesse d'observation dans des études où elle pouvait être constatée. Le professeur, prenant part, au moins dans les commencements, aux promenades de ses élèves, aura pu voir lui-même les sujets qu'ils auront choisis. Il doit y avoir, d'ailleurs, dans ces impressions directes de la nature, certains caractères de vérité ingénue, auxquels on ne saurait se tromper.

Peu à peu, la mémoire, acquérant plus de sûreté et de puissance, permettra de reproduire des actions plus compliquées : une cérémonie religieuse, une revue de troupes, un accident dans la rue, ou bien encore, suivant les préférences de certains élèves, un intérieur, des animaux, un paysage.

Ici, contrairement à ce qui a lieu dans les études ordinaires, la vocation particulière peut s'essayer et se reconnaître. Chacun, livré à toute sa spontanéité, verra la nature à sa manière, en éprouvera une émotion différente, et trouvera une façon particulière de l'exprimer. Rien n'est donc plus propre que ces exercices à donner l'essor au sentiment vrai, à développer la personnalité, c'est-à-dire l'originalité véritable. Ils ont, de plus, l'avantage de donner l'habitude et le goût de l'observation et de faire de la mémoire comme un trésor où l'artiste viendra puiser largement, pour ses œuvres, des matériaux toujours variés et faits siens par le travail intime de l'assimilation (P).

Perspective. — Dessin d'architecture.

La perspective et le dessin d'architecture « peuvent être enseignés à part par des professeurs spéciaux. Cependant, le professeur dirigeant l'ensemble de l'éducation doit avoir une connaissance générale du dessin d'architecture. Quant à la perspective, il doit en bien comprendre les principes, et, surtout, en posséder le sentiment et l'esprit, afin d'en pénétrer les élèves, plus qu'on ne le fait généralement aujourd'hui.

Depuis l'époque où *Jean Cousin* a donné ses procédés fort ingénieux, mais peu pratiques, pour déterminer rigoureusement les raccourcis d'une figure humaine, on semble avoir renoncé complétement à l'application de la perspective au dessin de la figure, et ces deux branches de l'art sont enseignées d'une manière entièrement séparées, sans se relier aucunement entr'elles ; de là l'indifférence des élèves peintres pour la perspective dont ils ne peuvent apprécier les avantages.

Certes, il ne saurait être question de soumettre le dessin de la figure aux opérations géométriques de la perspective; mais on aurait tort de ne point appliquer les principes essentiels de cette science à ce genre de dessin, comme à tous les autres, dans la limite du possible, afin d'éviter, au moins, les erreurs grossières si fréquentes dans les dessins d'étude. Tantôt les lignes fuyantes n'y convergent pas vers le point de vue, tantôt la hauteur de l'horizon semble avoir été entièrement oubliée et certaines parties du dessin qui devraient être vues en dessus sont, au contraire, vues en dessous et réciproquement, etc. Le professeur devra donc recommander aux élèves de se rendre toujours bien compte de leur point de vue sur la ligne d'horizon et du point de distance rabattu sur cette ligne. Ils devront également avoir présent à l'esprit le plan géométral et le plan perspectif, etc.

Tandis que ces notions élémentaires, appliquées au dessin habituel, commenceront à faire deviner aux élèves l'utilité pratique de la perspective, les études complètes de cette science seront poursuivies dans le cours spécial, et leurs belles applications artistiques ne tarderont pas à inspirer aux jeunes gens le haut intérêt qu'elles méritent.

Peinture.

Les procédés de peinture restaient autrefois le secret des maîtres et de leurs écoles. Aussi, savons-nous fort peu de chose sur les moyens d'exécution usités par les grands coloristes flamands et italiens. Ce qui pouvait rester à ce sujet de précieuses traditions, chez quelques peintres français à la fin du siècle dernier, s'est à peu près complétement perdu dans la révolution artistique accomplie par David. Ce réformateur exclusif, passionné, affectait le plus profond dédain pour l'époque qui l'avait précédé. Il en répudiait non-seulement le goût et les doctrines, mais encore les enseignements relatifs à la partie matérielle de l'art, et les interdisait à ses élèves. C'est pourquoi son école, dont est sortie presque entièrement la génération d'artistes à laquelle nous avons succédé, n'a pu nous transmettre que des procédés techniques, souvent défectueux et sans autorité.

Nous ne donnerons ces moyens aux élèves

qu'avec toute réserve, non comme définitifs pour exécuter leurs œuvres d'artistes, mais, seulement, pour leur permettre de commencer l'étude de la peinture. Ils auront à les modifier, à les perfectionner, à les compléter eux-mêmes par le travail, l'expérience, l'observation de la nature et des ouvrages des grands coloristes.

Voici d'abord la composition de la palette pour l'élève commençant; les couleurs étant rangées de droite à gauche dans l'ordre suivant :

Blanc d'argent, jaune de Naples, ocre jaune, terre de Sienne naturelle, terre de Sienne brûlée, cinabre, brun-rouge, laque de garance, bitume, terre d'Ombre brûlée, noir d'ivoire, bleu de Prusse.

Cette palette fort simple paraîtra même un peu pauvre. Mais elle a du moins l'avantage, pour les commençants, de les obliger à chercher leurs tons, sans le secours des nombreuses couleurs que l'on emploie aujourd'hui, et dont il leur sera loisible, plus tard, d'enrichir leur palette.

Il est bien de commencer la peinture vers le milieu de la quatrième période d'enseignement, lorsque l'élève possède déjà une assez grande habileté en dessin. Car, non-seulement il faut, avant de peindre, mettre en place et dessiner, mais encore il importe de toujours poser et manier la couleur avec le sentiment permanent du modelé et de la forme.

Cependant, pour ne point trop différer l'exercice du maniement si difficile de la couleur, il serait très-opportun, pendant que l'élève achèvera d'acquérir, dans le dessin, le degré de force nécessaire, de lui faire commencer l'étude des teintes de mémoire [1]. On pourra ainsi dès l'abord éprouver, rectifier au besoin, puis développer graduellement l'aptitude de l'œil à juger les teintes. En même temps, on donnera une première habitude des instruments de la peinture : palette, appuie-main, brosse, etc., de manière à dégager de ce premier embarras l'étude proprement dite. Mais le but vraiment important qu'il faut se proposer est de cultiver le sens de la mémoire de la couleur, dont les applications deviendront si utiles et si nombreuses dans la pratique de l'art.

Suivant toujours la même méthode que pour le dessin de mémoire, les teintes seront apprises puis exécutées par cœur (Q).

---

1. Voir *Éducation de la mémoire pittoresque. — Mémoire de la couleur.*

Après ces préliminaires plus ou moins prolongés, suivant le jugement du professeur, l'élève entreprendra enfin l'étude de la peinture, en copiant quelques têtes peintes, puis ensuite différents objets de nature morte, d'après nature : fleurs, fruits, ustensiles, etc. Il trouvera dans cette étude, d'ailleurs très-attrayante, l'occasion de juger et de comparer une grande variété de teintes et d'apprendre à les harmoniser.

Cette imitation d'objets naturels, mais immobiles, offrira une excellente transition pour conduire à la figure peinte, d'après le modèle vivant.

Afin d'augmenter l'intérêt de cette étude essentielle, traitée souvent d'une façon trop banale, trop monotone, il serait bon de varier quelquefois le fond de la figure ou d'en relever l'effet par quelques draperies de couleurs harmonieuses placées auprès du modèle, de manière à le faire valoir par d'heureuses oppositions.

Quant aux façons de procéder, le professeur pourra, pour les commencements du moins, donner les indications suivantes : on fera d'abord, avec le couteau à palette, quelques teintes d'après le modèle qu'il s'agit de copier, puis après avoir dessiné le trait de ce modèle, sur la toile blanche, on commencera par les ombres, soit en les peignant aussi juste que possible, soit en indiquant seulement leur valeur avec une seule couleur, par exemple la terre d'Ombre brûlée, le noir d'ivoire, etc.; ce qui importe, c'est d'avoir des oppositions, des termes de comparaison, pour juger les demi-teintes et les lumières qui, placées seules au milieu de la toile blanche, seraient très-difficiles à apprécier. On devra, par les mêmes motifs, indiquer, dès l'abord, la teinte ou la valeur du fond.

Il ne faut pas prétendre reproduire dès le commencement toutes les nuances que l'on peut voir sur le modèle ; on doit, au contraire, chercher, en clignant les yeux, la résultante de plusieurs teintes. Puis, par-dessus ce ton local, on posera de nouvelles touches pour modifier et compléter la couleur.

Si l'on exécute ce travail vivement et avant que les couleurs soient séchées, cela s'appelle peindre au premier coup ; plus généralement, on commence par une ébauche, c'est-à-dire par un tatonnement de la forme et du ton. Lorsque cette ébauche est sèche, lavée, et, si l'on veut, poncée, elle sert de dessous pour continuer de nouvelles recherches, soit avec de solides empâtements, soit avec des demi-pâtes et des glacis.

Il existe une grande diversité de manières de peindre ; chaque artiste en adopte une, et la proclame naturellement supérieure à toutes les autres. Nous ne prétendons point juger ces procédés personnels, tous légitimes, s'ils arrivent à donner de bons résultats. Nous restons sur le terrain de l'enseignement ; en l'absence de leçons directes, transmises par les anciens maîtres coloristes, nous avons choisi, pour servir aux premières études, les moyens qui nous ont semblé les plus favorables à l'exercice et à la recherche. Ce sont là des conditions qui s'imposent au professeur, auquel, pour le reste, une grande liberté doit être laissée.

Il serait nuisible de trop s'étendre, dans une méthode écrite, sur les détails d'un enseignement qui doit être laissé au jugement spontané, au tact, au savoir de l'artiste qui le dirige. En peinture, d'ailleurs, plus encore que pour le dessin, la manière d'opérer, le travail, *le faire*, est pour une part importante dans le talent de l'artiste. Aussi, dès que l'élève a franchi les premières difficultés de la peinture, à l'aide des moyens que nous venons d'exposer, il ne faut plus lui imposer un procédé unique, mais, au contraire, lui conseiller d'en essayer plusieurs, afin qu'il puisse juger, choisir et se faire, pour la peinture, un mode d'expression approprié à sa manière de sentir.

Ce que le professeur peut demander à ses élèves en toute certitude et avec insistance, c'est la recherche des qualités essentielles de la peinture telles que la solidité, la transparence, la lumière, l'harmonie, etc. Mais il doit permettre au caractère de chaque élève de choisir, pour atteindre ce but, des moyens différents, fussent-ils inattendus et inusités.

Les tableaux des maîtres offrent ici de précieux secours. Qu'un élève, par exemple, soit porté, comme il arrive presque toujours dans les commencements, à la lourdeur dans les ombres, qu'il ne voie pas, qu'il tarde trop à sentir la transparence, on lui conseillera d'aller voir dans nos musées un des maîtres qui ont su donner à leurs ombres une transparence si admirable. Il en copiera même les fragments où la qualité qu'il cherche se montrera avec le plus d'évidence. Cette façon d'étudier les maîtres sera non moins profi-

table que celle qui consiste à en faire des copies
sans but déterminé d'instruction, sans une leçon
précise à leur demander.

En résumé, l'enseignement de la peinture doit,
en instruisant les jeunes artistes, les guider toujours dans le sens de leurs dispositions naturelles, afin de seconder chacun d'eux dans la
formation de son individualité de peintre et de
coloriste.

Composition.

Le moment le plus favorable pour commencer
les exercices de la composition est le milieu du
quatrième degré d'enseignement, lorsque les
élèves, après plusieurs études sur le modèle
vivant, ont déjà fait quelques dessins de mémoire,
d'après nature; car il ne peut y avoir de véritables
compositions, sans observations personnelles préa-
lables.

On voit quelquefois des jeunes gens, même des
enfants, doués de dispositions inventives très-
précoces, être travaillés d'un véritable besoin
d'imaginer. Il serait fâcheux de méconnaître
d'aussi intéressantes dispositions, de les laisser

périr faute d'aliments et d'exercices. La méthode doit en tenir compte, mais dans des conditions particulières, qui vont être expliquées.

Presque tous les enfants, longtemps avant d'avoir commencé le dessin, font ce qu'ils appellent des bons hommes. Ce sont, en général, des barbouillages informes, auxquels on n'accorde aucune attention ; Léonard de Vinci avec sa haute compétence et son esprit si judicieux ne dédaigne pas cependant de s'en occuper. Il reconnaît une grande différence de dispositions chez l'enfant qui fait invariablement les mêmes profils, et chez celui qui présente ses personnages de face et de trois quarts, ce qui indique, en effet, beaucoup plus d'observation.

Dès le début du premier degré d'enseignement, le professeur encouragera donc les commençants à lui montrer *les bons hommes* qu'ils auront pu faire dans leurs moments de loisir ; il leur donnera quelques conseils qui seront, en général, des appels à l'observation. Si, pour nous expliquer par un exemple, nous supposons qu'un de ces essais enfantins représente un cavalier très-disproportionné avec sa monture, le professeur engagera l'élève à remarquer, sur les cavaliers qu'il verra passer dans la rue, les rapports de grandeur de l'homme et du cheval. Suivant toute probabilité, ces proportions finiront par être mieux observées dans des essais successifs. Il est bien préférable de provoquer l'attention et les remarques des enfants sur les objets réels, plutôt que sur leur représentation dans des tableaux ou des gravures.

Le professeur continuera ce petit enseignement facultatif, parallèlement aux véritables études, sans jamais paraître le considérer comme chose sérieuse et obligée. Il faut que ces petits préludes à la composition restent, pour les jeunes élèves, un plaisir et une distraction tout volontaires. Ceux d'entre eux qui continueront librement, avec entrain et persévérance, depuis le premier jusqu'au quatrième degré, pourront arriver à des résultats extrêmement intéressants et très-favorables pour commencer d'une manière sérieuse l'étude de la composition.

Cette étude demande de la part du professeur les précautions les plus attentives, car elle ne se propose rien moins que de développer l'une des facultés les plus délicates et les plus intimes : l'invention, qu'il faut se garder de laisser confondre avec la compilation plus ou moins adroitement dissimulée.

L'invention, de sa nature, est personnelle ou elle n'est pas : c'est pourquoi la préoccupation majeure doit être ici la préservation de la personnalité. Dès lors, on le comprend, il serait dangereux de demander aux jeunes gens des compositions sans rapport avec leurs idées acquises et les observations qu'ils ont pu recueillir par eux-mêmes ; ce serait les entraîner à emprunter leurs idées aux œuvres connues, au lieu de les habituer à puiser dans leur propre fond.

On commencera donc par quelques sujets dont les matériaux naturels peuvent être facilement réunis. Il s'agira, par exemple, de composer une couronne, une guirlande, une rosace avec des fleurs et des plantes vivantes, mises à la disposition des élèves.

En arrivant successivement aux compositions plus difficiles où se montre et domine la figure humaine, il faut continuer à choisir des sujets à la portée des élèves et en accord avec les aspects naturels qu'ils ont pu voir et observer. S'ils ont fait un séjour à la campagne, on leur demandera une vendange ou des épisodes de vendange, une moisson ou tout autre sujet se rattachant aux scènes de la vie champêtre.

Le professeur pourra dire aux élèves au commencement d'une saison, du printemps, par exemple :

— Vous aurez à composer un sujet dans lequel vous devrez caractériser le printemps ; je vous laisse toute liberté quant au choix de vos moyens ; fleurs, paysages, animaux, figures ; préparez-vous, observez la nature dans vos promenades, cherchez à saisir et à exprimer les impressions que vous recevrez du printemps, de manière à les communiquer aux spectateurs.

On a souvent parlé des règles de la composition. Il n'y a pas de règles proprement dites, il y a des convenances, que les élèves accepteront volontiers, sans qu'elles soient érigées en règles absolues et imposées comme telles. La raison admettra d'elle-même l'unité de temps, l'unité de lieu, l'importance de la clarté dans l'exposition du sujet, la nécessité pour tout dessin et toute peinture de s'expliquer spontanément par les moyens qui leur sont propres, sans avoir besoin d'explications écrites.

Quant à ce prétendu principe de la forme pyra-

midale donné comme règle générale et que devraient affecter toutes les compositions de style,
rien n'est plus propre à paralyser l'initiative, à
uniformiser toutes les conceptions.

Nous avons déjà parlé des inconvénients atta-
chés à l'enseignement artistique, donné en commun ; ils sont graves surtout lorsqu'il s'agit de
composition où il importe que les élèves ne puissent s'emprunter mutuellement leurs idées, fût—ce
même involontairement.

Pour prévenir ce danger, le professeur évitera
de donner le même programme à plusieurs élèves
à la fois, à moins, cependant, qu'il ne prescrive
pour chaque esquisse une forme et une grandeur
différentes. Cela est surtout applicable lorsqu'il
s'agit de motifs décoratifs, car, dans la pratique,
ces sortes de compositions doivent presque toujours avoir des formes et des dimensions déterminées.

Il y a là, d'ailleurs, un excellent exercice pour
cette partie de la composition qu'on appelle l'ar-
rangement. Ces conditions de formes et de grandeurs imposées qui peuvent paraître, au premier
abord, exiger un vain tour de force, créer une
difficulté inutile, deviennent souvent la cause

d'une recherche plus énergique et, par suite, de résultats plus parfaits. C'est quelque chose d'analogue à l'effet obtenu dans les études littéraires par l'exercice de la versification.

On peut imaginer une infinité de moyens divers pour former les élèves à la composition ; je n'en citerai qu'un exemple :

On ferait choix d'un sujet. Ce serait, si l'on veut, un faune jouant avec une chèvre. Un modèle approprié à la nature d'un faune serait mis à la disposition de l'élève, pendant une heure ou deux, afin que celui-ci se pénètre bien de la nature vivante, au point de vue de sa composition ; qu'il essaie la possibilité du mouvement conçu dans son esprit, qu'il observe particulièrement les endroits toujours difficiles : les extrémités, les attaches, les raccourcis, et en prenne même quelques notes dessinées, s'il le juge nécessaire. Il devrait surtout observer et confier ses remarques à sa mémoire. Il aurait, ensuite, à étudier également par l'observation une chèvre vivante. Puis, muni de ces deux souvenirs, seul avec ses réflexions, sa manière de sentir et d'exprimer, il exécuterait une composition nécessairement originale, parce qu'elle émanerait réellement de lui.

Après les sujets dont tous les matériaux peuvent être donnés par la nature et rassemblés sous les yeux des élèves, on passera, par une gradation méthodique, à des compositions donnant à l'invention une part de plus en plus considérable.

C'est ici que l'imagination trouvera tout l'exercice nécessaire à son développement. Elle deviendra de plus en plus apte à sa fonction si importante qui est de conclure du connu à l'inconnu, du réel à l'idéal, en un mot d'inventer, par la puissance de l'induction et du sentiment artistique.

Quant aux compositions qu'on appelle historiques, elles seront réservées pour la fin de la dernière période de l'enseignement ; alors seulement les élèves pourront s'y trouver convenabl - ment préparés.

LETTRE CINQUIÈME.

CINQUIÈME DEGRÉ D'ENSEIGNEMENT.

Je pourrais arrêter ici cet exposé de méthode, car je considère l'enseignement déjà donné comme assez complet pour permettre aux jeunes gens, qui l'ont suivi d'une manière sérieuse, de se livrer définitivement, suivant leur choix et leurs aptitudes, aux différentes applications du dessin et de la peinture (R).

L'ensemble d'instruction donné dans la quatrième période, surabondant pour beaucoup d'industries artistiques, peut suffire à toutes les spécialisations de l'art proprement dit. Ainsi, un jeune homme porté par sa vocation à peindre des scènes familières, des épisodes de la vie contemporaine, trouvera dans ses études du quatrième degré toutes les préparations nécessaires.

Il a acquis, en effet, des moyens d'exécution choisis par lui et rendus siens. Son goût, sa sincérité, son originalité naturelle ont été conservés et cultivés avec sollicitude. Il a enfin appris à observer, à retenir ses observations. Il n'a plus qu'à regarder autour de lui dans ses promenades, dans ses voyages ; il y trouvera en foule des sujets et des matériaux propres à être mis en œuvre dans ses compositions.

Il n'en est pas de même pour le jeune homme qui, après avoir suivi les mêmes études, se sent attiré vers le grand art. Lui aussi, sans doute, est pourvu des moyens d'exprimer ses pensées, mais elles ne sont point en rapport avec les aspects qui frappent habituellement ses yeux. Bien peu de chose, dans ce qui l'environne, peut satisfaire son goût et l'aider dans ses recherches de la beauté. Les types qui se présentent à lui sont généralement vulgaires, les costumes laids, souvent ridicules, d'ailleurs incessamment livrés aux caprices de la mode. Nos mœurs comportent de moins en moins la liberté, l'ampleur du geste, l'expression naturelle de la physionomie ; elles proscrivent surtout le nu :' élément par exellence de l'art grandiose.

Le jeune artiste épris d'idéal ne voit donc rien qui réponde à ses aspirations, si ce n'est les chefs — d'œuvre de l'antiquité et des grands maîtres. Que fera-t-il ? que pourra-t-il faire lorsqu'il voudra traiter les sujets de grand style? Il sera réduit à reproduire incessamment des formes, des tournures, des arrangements, empruntés à ces chefs-d'œuvre, dont il est exclusivement impressionné.

Est-ce donc là comprendre les grands maîtres et savoir les imiter? Non certes, ces grands artistes ne se contentaient pas de copier leurs devanciers, puisqu'ils apportaient chacun à leur tour un style, un caractère différent, une nouvelle acception de l'art. Parmi les dons magnifiques qu'ils tenaient de la nature, ils avaient assurément reçu l'instinct du grand et du beau. Mais ce sentiment inné de la beauté et de la grandeur était développé et ravivé, sans cesse, par les spectacles pittoresques et grandioses que présentaient alors la beauté des formes humaines, la noblesse du costume, la dignité du geste et des tournures, les fêtes, les cérémonies, en un mot, la vie des civilisations au milieu desquelles ils se trouvaient. C'est ainsi qu'en Grèce, à Rome, à Venise, les artistes, tout en gardant les grandes traditions desquelles ils procédaient, pouvaient puiser, autour d'eux, des inspirations élevées, vivantes, sans cesse renouvelées.

Il faut bien en convenir, la jeunesse de notre
temps est loin de posséder de pareils avantages ;
elle se trouve, au contraire, dans des conditions
très-défavorables. On lui demande des œuvres de
l'ordre le plus élevé, sans songer qu'elle manque
entièrement des secours qui étaient nécessaires
même aux plus illustres maîtres, c'est-à-dire des
matériaux vivants, propres au grand art. C'est là
un mal regrettable auquel il faut chercher un
remède, au moins dans la limite du possible.

Dans cette pensée, j'ai ajouté aux quatre premiers degrés d'enseignement, dont se compose
déjà cette méthode, un cinquième degré que j'appelle l'enseignement supérieur, sorte de milieu
artistique où les jeunes gens pourront trouver,
bien que dans des conditions restreintes, quelques
uns de ces aspects dont les maîtres s'inspiraient
autrefois [1].

Tous mes enseignements concourront à ce but.
Repris au point où ils avaient été conduits à la fin
du quatrième degré, ils recevront leur complé-
ment, en présentant toujours à l'observation artistique des scènes animées et pittoresques. L'ana-

1. Voir *Éducation de la mémoire pittoresque.* — Enseignement
supérieur.

tomie, par exemple, sera démontrée sur des
modèles agissant sous les yeux des élèves, de
manière à leur faire voir, dans la réalité vivante,
tout ce qui leur avait été enseigné précédemment
sur le squelette ou sur le cadavre, et surtout à
leur faire comprendre, d'une manière saisissante,
la beauté plastique de la structure humaine.

La perspective, sérieusement étudiée déjà sur
le papier, sera pratiquement démontrée sur la
nature même, dans des intérieurs d'édifices ou en
pleine campagne. Des modèles placés à des distances déterminées viendront animer la scène
et donner à l'étude son plus haut intérêt, soit que
l'on subordonne ces figures à l'ensemble du tableau, soit qu'on les considère comme en étant les
sujets principaux.

De nombreuses expériences faites par les élèves
eux-mêmes confirmeront leurs études théoriques,
en leur fournissant des notions positives, d'une
application journalière, sur la dégradation des
grandeurs, suivant leur éloignement, sur les raccourcis de la figure humaine et ses rapports de
proportion avec les objets qui l'entourent. L'observation rendra évidents une foule de faits relatifs
à la perspective, qu'il faut avoir vus sur la nature,

pour les bien comprendre, tels que l'importance du point de distance et celle du degré de son éloignement, suffisant à éviter les déformations apparentes des objets.

Les jeunes gens sentiront alors la raison de certaines inexactitudes volontaires, usitées par les plus habiles praticiens. Ils pourront s'essayer, à leur tour, à ces compromis entre le goût et la rigueur des principes, que l'on appelle la perspective de sentiment, et que permettent, seules, la connaissance approfondie des règles et l'observation répétée de la nature.

La perspective aérienne ne saurait s'enseigner d'une manière rigoureuse ; elle peut être étudiée au moyen d'observations spéciales. Des expériences seront donc faites en présence des élèves sur les modifications que reçoivent les teintes en proportion de leur degré d'éloignement. Voici quelques spécimens de ces expériences : des modèles nus, ou drapés de différentes couleurs, seront placés, semblables à des jalons, à différentes distances ; ils fourniront ainsi d'instructives remarques sur l'effet des teintes, ombres et lumières, selon les différents éloignements. Si les modèles sont vêtus de draperies d'une même teinte et placés à des distances mesurées d'avance, l'observateur pourra apprécier les modifications de cette couleur résultant d'éloignements connus : une colonnade, une allée d'arbres pourront être l'objet d'expériences analogues.

Ces observations de perspective aérienne diversifiées à volonté devront être conservées en image dans la mémoire ; elles deviendront ainsi pour l'artiste les renseignements les plus utiles, les secours les plus précieux.

Le modèle vivant, posant dans l'atelier, a été le sujet d'une des études les plus importantes du quatrième degré ; mais l'enseignement supérieur n'a plus à s'occuper de poses académiques. Son but est de montrer l'homme agissant dans sa liberté et sa spontanéité. On ne dira plus, par exemple, à un modèle : — Prenez la pose d'un homme qui porterait une pierre. On lui dira : — Portez cette pierre de cet endroit à cet autre.

Les élèves qui l'observeront, le suivant dans ce trajet, assisteront à une suite de mouvements toujours vrais, et presque toujours beaux, parce qu'ils seront naturels et justes. En effet, le modèle soulèvera la pierre avec l'effort nécessaire, marchera comme on marche, en portant un fardeau de cette forme et de ce poids, et son action sera nécessairement vraie encore, lorsqu'il déposera la pierre au but désigné. Qu'on se rappelle que les élèves du cinquième degré sont exercés à l'observation rapide, et l'on comprendra tout le fruit qu'ils peuvent retirer de semblables exercices souvent répétés.

La réunion de plusieurs modèles permettra des actions plus compliquées. Quelques-uns d'entr'eux devront porter des vêtements de différents styles et de différentes époques, afin de servir à l'étude archéologique du costume. Les draperies antiques occuperont surtout l'attention et exciteront le plus vif intérêt, lorsque les modèles qui en seront revêtus se livreront à diverses actions, ainsi que nous venons de le dire tout à l'heure. Les jeunes spectateurs verront alors, à chaque instant, d'heureuses dispositions de plis, des motifs admirables résulter sans effort de la liberté des mouvements et de la vérité de l'action.

La beauté de ces scènes animées et leur intérêt pour l'étude seront encore augmentés par les conditions d'effet, dans lesquelles elles se produiront. Nues ou drapées, ces figures formant des groupes pittoresques seront éclairées non plus par le jour toujours le même de l'atelier ; mais par toutes les variétés de la lumière du ciel. Elles auront pour fond les arbres, les nuages, les lointains vaporeux ; on les verra se détacher tour à tour en lumière ou en ombre vigoureuse.

D'autres impressions également saisissantes viendront émouvoir les jeunes artistes et les élever vers le grand style, lorsque, dans l'intérieur d'un monument, ils verront des figures drapées avec noblesse, passer sous des portiques, monter ou descendre de vastes escaliers, apparaître sur des galeries, se combiner enfin dans des harmonies grandioses avec les lignes et les formes de l'archi-tecture.

Que de précieux enseignements, que de sujets d'admiration dans ces vivants et splendides spec-tacles pour les jeunes gens qui en seront entourés ! En y retrouvant, de toutes parts, le souvenir des œuvres des grands maîtres de la forme et de la couleur, ils reconnaîtront combien ces génies divers ont puisé aux sources vives de la nature, chacun avec son sentiment et son caractère propre, donnant ainsi le véritable exemple à suivre, pour les imiter.

Pénétrés de ces réflexions, émus par tout ce qui aura excité leur enthousiasme, ces jeunes peintres seront pleins du désir d'exprimer leurs pensées, et prêts à répondre à l'appel du professeur, lorsqu'il leur demandera d'exécuter de mémoire des dessins ou des peintures, sorte de comptes-rendus de ce qui les aura le plus vivement frappés. Ils comprendront mieux que jamais alors les précieux avantages de la mémoire qui leur a permis de prendre possession d'effets si changeants, d'actions si rapides, en un mot, de la nature et de la vie. Dans ces comptes-rendus, exécutés par les élèves, apparaîtront les diversités de nature de chacun d'eux, toutes les aptitudes innées que leur éducation a pris tant de soin à préserver, à garder intactes en les perfectionnant.

Ces comptes-rendus, d'ailleurs, ne seront pas toujours des reproductions exactes des belles choses que nos jeunes gens auront vues. Ils pourront être aussi l'expression des idées que ces spectacles de la nature leur auront fait concevoir.

Après une pratique suffisante de ces exercices, une fréquentation assez prolongée des séances de l'enseignement supérieur, les jeunes gens pourront se livrer enfin à la composition de grand style (S).

Ils ont, en quelque sorte, vécu dans les époques et les pays poétiques. Leur esprit s'y est élevé et ennobli, ils rapportent dans leur mémoire comme de précieux matériaux, une foule de faits pittoresques et inédits ; leur imagination saura les idéaliser, en les combinant de mille manières, dans les compositions qui viendront compléter et clore les exercices du cinquième et dernier degré d'enseignement.

Ici se trouve terminé le rôle de l'éducation dont nous avons essayé d'esquisser le plan, depuis ses premiers principes et leurs déductions élémentaires, jusqu'à leurs applications les plus avancées.

Les élèves, devenus désormais des artistes, doivent être livrés à eux-mêmes pour l'exécution de leurs œuvres. Si la méthode a réussi dans sa mission, qui est de faire germer en eux les grandes qualités de l'art, ils peuvent aborder la phase pratique en s'écriant : *Anch'io son pittore !*

Eux aussi sont prêts pour l'éclosion. Ils possèdent : les facultés d'observation et de souvenir, l'amour de l'art et de la nature, l'esprit des belles traditions. Leur génie individuel conservé, affermi, développé dans son originalité native, est enfin servi et complété par le savoir.

ÉPILOGUE

On s'étonnera peut-être, en lisant les lettres qui précèdent, qu'étant destinées, dans l'origine, au directeur d'une école de province, elles insistent sur les avantages que les musées de Paris peuvent offrir pour l'enseignement de l'art. Je crois donc devoir expliquer toute ma pensée à ce sujet.

Pour mieux faire comprendre le jeu et les développements de cette méthode, je l'ai supposée d'abord appliquée à Paris, c'est-à-dire dans le milieu considéré comme le plus favorable à l'enseignement artistique, à cause de ses musées, de ses bibliothèques, de ses riches collections d'objets d'art. On comprendra néanmoins que nos principales villes de province, possédant, elles aussi, des musées, des bibliothèques, de nombreux moulages exécutés sur l'antique, sont en mesure, dans des conditions plus modestes, de suivre les prescriptions de notre enseignement.

Mais il existe des écoles éloignées de tout grand centre artistique, qui se croient, ainsi, privées des ressources les plus indispensables. La plupart des professeurs chargés de la direction de ces écoles se plaignent amèrement des désavantages de leur position et s'abandonnent au découragement.

Avant de considérer leur tâche comme impossible, l'ont-ils suffisamment examinée et comprise? Le séjour d'une province éloignée n'offrirait-il pas, au point de vue de l'enseignement de l'art, certaines compensations, certains avantages qui résultent du fait même de l'isolement? Il y aurait là, à notre avis, une expérience importante à tenter et digne d'être entreprise par un professeur de vrai mérite, relégué par les circonstances au fond d'une province, comme il arrive quelquefois.

Pour rendre possible le succès de la tentative que nous proposons, on devrait commencer, avant tout, par oublier Paris, et renoncer à préparer des élèves pour ses concours. Puis, après s'être bien pénétré des principes de notre méthode, il faudrait en aborder l'application avec résolution et conscience. On reconnaîtrait, tout d'abord, que les études des premier, deuxième et troisième degrés sont applicables partout aussi bien qu'à Paris. Les difficultés ne peuvent commencer, pour l'enseignement en province, qu'à partir du qua-

trième degré, lorsque l'étude des grands maîtres
est recommandée aux élèves. Certes, cette étude est
précieuse et le plus souvent féconde. Cependant,
la fréquentation prématurée des musées, *impossible à empêcher à Paris*, peut avoir, pour de trop
jeunes élèves, de sérieux inconvénients. Il est à
craindre, par exemple, qu'elle ne les excite à
prendre les idées des maîtres au lieu d'en chercher
en eux-mêmes, et de s'exercer à en produire ; or,
la faculté d'invention, si elle n'est point exercée
et cultivée de bonne heure, s'engourdit bientôt et
ne tarde pas à s'éteindre.

Le professeur de province n'aurait pas à craindre
de pareils dangers : affranchi de nos concurrences,
souvent déloyales, seul, et, par conséquent, libre
de son action, il pourrait exiger l'énergie dans le
travail et la pratique rigoureuse de ses moyens
d'enseignement. Sans doute, il serait obligé de
diminuer, dans les études, la part ordinaire de la
tradition, mais celle de la nature en deviendrait
d'autant plus grande. Le dessin d'après le modèle
vivant, l'anatomie, la perspective resteraient toujours les bases essentielles de l'instruction des
élèves ; par la mémoire et l'observation cultivées,
ils saisiraient et s'approprieraient tous les sites

remarquables, toutes les scènes intéressantes de la contrée. Or, dans tout pays, se trouvent toujours des sujets dignes d'intéresser des artistes. et capables de leur inspirer des œuvres.

Quant à la peinture, elle ne saurait manquer entièrement d'enseignements et de modèles partout où la lumière du ciel répand sur les objets la richesse et la variété de ses teintes. Enfin, et pour couronner la série des études, les exercices du cinquième degré, appliqués dans ce qu'ils auraient de possible, viendraient répondre aux aspirations de certains esprits élevés et poétiques.

Si l'on comparait, par la pensée, cet enseignement à celui qui pourrait être donné dans des villes de premier ordre, on y trouverait certainement de nombreuses et importantes lacunes; mais on apprécierait, en même temps, les avantages d'un milieu calme, tranquille, isolé, propre à développer le sentiment intime, les qualités naturelles de chaque élève, dans toute leur pureté et dans toute leur fraîcheur. Là, entourés de soins et de précautions préservatrices, des talents vraiment nouveaux, naïfs, primesautiers, pourraient naître, grandir, acquérir une force de savoir et de conviction capable de les garantir contre les dangers des influences du dehors. Il serait temps, alors, de compléter l'œuvre de l'éducation par les voyages, l'étude et l'observation des grands maîtres.

Ainsi ont procédé plusieurs des artistes les plus illustres ; Rubens n'entreprit son premier voyage en Italie, qu'après avoir acquis la plénitude de son talent et développé complétement l'originalité si puissante qui le caractérise. Aussi, l'impression profonde, produite sur son esprit par les chefs-d'œuvre qu'il voyait pour la première fois, ne porta-t-elle aucune atteinte à sa haute personnalité. Nous voyons dans ses admirables dessins, d'après Léonard de Vinci, à quel point, tout en copiant les grands modèles et y puisant des inspirations, il restait toujours lui-même.

Si Rubens, au lieu de visiter Rome en temps opportun, y avait été élevé chez l'un des maîtres célèbres de cette époque, on compterait certainement un grand artiste de plus parmi ceux de l'école romaine, mais le splendide génie de la peinture flamande ne se serait pas révélé ; nous ne connaîtrions pas Rubens !

Il existait autrefois des circonstances politiques et économiques, des difficultés de communications qui tenaient les différentes écoles éloignées les unes des autres, et les obligeaient à se développer séparément. De là, pour une grande part, le caractère individuel, particulier, de chacune d'elles. Quoi de plus diverses que les écoles flamandes, hollandaises, espagnoles ou les différentes écoles italiennes? Ces dernières, bien que fleurissant dans des villes souvent très-rapprochées les unes des autres, se trouvaient, en effet, séparées par des haines, des rivalités, des guerres continuelles, qui équivalaient à des distances infranchissables.

La marche de la civilisation a amené, pour les arts, un état de choses entièment opposé. La facilité, la rapidité des communications, la fréquence des expositions partielles, nationales, universelles mettent continuellement en contact les artistes de tous les pays et de toutes les doctrines.

Ils échangent et s'empruntent incessamment leurs idées, leurs procédés, leurs styles. C'est aussi, dans ces expositions, que s'agitent les questions de ventes et de commandes des ouvrages.

De l'ensemble de ces faits essentiellement modernes, résulte, pour l'art, une situation nouvelle. Sans en entreprendre l'étude compliquée, on peut signaler parmi ses principaux caractères : une

tendance au nivellement, une certaine élévation de
la moyenne des talents, l'accroissement continu
du nombre des artistes. Il faut bien, aussi, constater de tristes préoccupations mercantiles, l'aban-
don trop fréquent de l'art convaincu et désinté-
ressé, pour la recherche ardente du succès lucratif.
On peut remarquer enfin qu'au milieu d'une production toujours plus abondante et souvent habile,
les œuvres vraiment supérieures et magistrales
deviennent de plus en plus rares.

Notre temps se différencie chaque jour davantage de celui des anciens maîtres ; on comptait
autrefois des écoles nombreuses et diverses ; on
peut dire, aujourd'hui, qu'il n'en existe plus qu'une
seule en Europe; les légères différences qui distin-
guent encore certains pays auront bientôt disparu.

Il ne s'agit, en aucune manière, de regretter,
au nom de l'art, des époques de morcellement et
de violence, ni de maudire les progrès des socié-
tés modernes. C'est, au contraire, de la continua-
tion de cette marche progressive qu'il faut attendre
le remède et le perfectionnement.

La civilisation, autrement puissante que la
lance d'Achille, saura bien guérir le mal passager
qu'elle aura pu faire.

Que les amis du progrès artistique aient donc confiance dans l'avenir, qu'ils l'aident dès maintenant dans son œuvre. Qu'ils reconnaissent d'abord que, parmi les nombreuses et difficiles questions à résoudre, l'une des plus urgentes et des plus vitales pour l'art est celle de son enseignement.

Il est temps de concilier enfin le travail régulier, les fortes études, avec la liberté de ses essors naturels. L'éducation, en développant chez les jeunes gens des convictions personnelles, profondes, pourra seule faire naître en eux le désir ardent, le besoin impérieux de les exprimer, et absorber ainsi les sentiments vulgaires et intéressés, dans la passion supérieure et généreuse de l'art.

NOTES COMPLÉMENTARES

NOTES COMPLÉMENTAIRES

(A) Si la plupart de nos anciens modèles de dessin ont donné des résultats déplorables, ce n'est point, comme on semble souvent le croire, parce qu'ils représentaient des figures, mais bien parce qu'ils étaient essentiellement défectueux, et affectaient des complications sans rapports avec les premières études. N'étant ni classés ni judicieusement gradués, ils ne pouvaient s'expliquer, se préparer successivement les uns par les autres. Ainsi présentés aux élèves sans aucune méthode, ils n'en étaient nullement compris et devenaient pour eux des espèces de tours de force calligraphiques, impossibles à exécuter. De là des efforts infructueux, le découragement, le dégoût.

Il est de toute évidence que, dans tous les temps, avec d'aussi fâcheuses conditions, les mêmes résultats se produiraient fatalement, quels que soient d'ailleurs les sujets représentés par les modèles.

Sachons profiter des tristes expériences que l'enseignement vient de faire, mais reconnaissons qu'elles ne portent aucune atteinte à l'autorité de maitres tels que : *Cennino Cennini, Léonard de Vinci, Benvenuto Cellini, Vasari, Lomazzo, Armenini, Jean Cousin,* etc., etc., qui tous ont prescrit l'emploi des modèles de figures et de fragments de figures dessinés ou gravés.

(B) Le principe si naturel, si logique de la succession graduelle des difficultés, est entièrement méconnu dans un grand nombre de méthodes de dessin. On y place souvent des exercices très-difficiles, avant d'autres beaucoup plus aisés, sans se préoccuper d'aucun ordre rationnel.

Ces erreurs, très-graves en éducation, sont presque toujours appuyées sur l'autorité de la nature. On nous dit, par exemple : Les objets dont la nature nous offre l'aspect frappent d'abord nos yeux par leurs masses et non par leurs détails. D'où il suit que tout élève en dessin doit commencer par établir des masses.

Cette prescription, bien que déduite peu logiquement, serait assurément excellente pour des élèves suffisamment avancés ; elle peut être très-nuisible à des commençants du premier jour. On les jette dans le plus grand trouble en leur imposant une tâche beaucoup trop difficile et trop compliquée, qu'ils ne peuvent ni exécuter ni comprendre. Cette indication de la masse demandée sans aucune des préparations nécessaires présente-t-elle, du moins, un exercice favorable au développement des facultés premières de rectitude et de précision ? Loin de là, puisque la masse, par sa nature même, ne peut jamais être qu'un à peu près.

Il est, sans doute, fort louable de prendre la nature pour modèle, mais il faudrait toujours l'imiter dans l'ordre de faits dont il est question. S'il s'agit d'éducation, il faut observer la nature, lorsqu'elle enseigne, et non dans ses autres actes. Voyons donc comment elle procède dans l'éducation des animaux.

Les petits oiseaux, par exemple, commencent, sous la direction du père et de la mère, par exercer leurs ailes, en essayant des mouvements d'abord très-faibles, c'est-à-dire proportionnés à leurs forces naissantes. Puis, ces forces augmentant par l'exercice, les mouvements deviennent plus forts et plus compliqués. C'est, seulement, après avoir développé suffisamment leurs organes nécessaires pour voler, qu'ils s'essaient au bord du nid, puis enfin s'élancent dans l'espace. Si donc on veut réellement suivre l'exemple de la nature en éducation, on procédera, comme elle, du simple au composé, et l'on commencera, avant tout, par exercer et développer les facultés et les organes essentiels dans l'ordre des connaissances que l'on se propose de faire acquérir. S'il s'agit du dessin, il faut évidemment exercer d'abord la justesse de l'œil et l'habileté de la main.

(C) Il serait sans doute possible de faciliter et d'abréger notablement les commencements du dessin, au moyen d'exercices préparatoires, dont j'ai déjà proposé l'essai dans les écoles primaires, et sur lesquels j'appelle de nouveau l'attention. Je m'exprimais ainsi sur ce sujet, en 1872, dans *Coup d'œil sur l'enseignement des beaux-arts :*

« . . . . . . Sur une feuille de papier ou sur un tableau noir serait tracée une ligne droite sur laquelle on indiquerait par deux points une grandeur métrique, soit un centimètre. Puis les enfants, munis d'un crayon, devraient, à tour de rôle, reproduire la même grandeur sur une autre ligne droite préalablement tracée. Dès que cette petite opération leur serait devenue familière, ils auraient à la répéter de mémoire, c'est-à-dire sans avoir sous les yeux le modèle de la grandeur à indiquer.

7

« On ne tarderait pas, je l'espère, à fixer ainsi dans la mémoire des enfants le souvenir précis d'un centimètre, puis de plusieurs, du mètre tout entier, de plusieurs mètres, etc.

« Il est impossible d'indiquer ici tout le développement, toute la variété que ces exercices pourraient recevoir. Ils s'appliqueraient bientôt à tous les objets qui seraient sous les yeux des enfants.

« On pourrait demander, par exemple, d'évaluer en mesure métrique les carreaux d'une fenêtre, la fenêtre elle-même ; le rapport existant entre la hauteur et la largeur de la porte ; la distance qui sépare entre eux les arbres du jardin. Ces petites leçons, rendues facilement attrayantes, deviendraient bientôt des sujets d'amusement pendant les récréations et les promenades.

« L'habitude ainsi acquise de se rendre compte des grandeurs, au moyen d'une unité de mesure, empruntée aux mesures usuelles et gravée dans la mémoire, donnerait à l'œil une méthode de jugement et une grande précision dans l'appréciation des proportions et des rapports des objets extérieurs ; ce premier apprentissage deviendrait d'une grande utilité dans les différentes professions et industries auxquelles les enfants sont destinés.

« Quant au dessin proprement dit, qui ne sent de quel secours lui serait cette préparation ? Son enseignement se trouverait ainsi affranchi, du moins en partie, d'une de ses premières difficultés, et l'on pourrait espérer pour l'avenir des résultats plus sûrs et plus prompts que par le passé. »

Cette note avait déjà été insérée en 1867 dans le *Journal de l'instruction publique*. L'idée qu'elle expose n'a point été accueillie dans sa nouveauté, ainsi qu'il arrive d'ordinaire, mais il est probable qu'elle recevra tôt ou tard son application.

(D) L'incohérence des idées est quelquefois telle, lorsqu'il s'agit de l'enseignement du dessin, que l'on a pu dans ces derniers temps produire l'étrange théorie dont voici le résumé :

Le trait n'existe pas dans la nature. Il est donc absurde d'obliger l'élève dessinateur à border toutes les formes par une ligne noire. Il doit exprimer ces formes comme il les perçoit, c'est-à-dire par leurs lumières et par leurs ombres, et les limiter par les teintes qui leur servent de fond.

Nous ne voyons, en effet, aucun trait noir entourer les objets naturels. Mais, ô scrupuleux observateurs de la nature ! elle n'a tracé, non plus, aucune grande ligne dans le ciel ni sur la terre. Elle n'a marqué aucun méridien, aucune écliptique, point de tropiques ni d'équateur, et pourtant de quel secours ces lignes supposées n'ont-elles point été pour l'étude des positions, des grandeurs, des mouvements des corps célestes !

Si l'on considère la plupart des connaissances humaines à leur point de départ, on y trouvera presque toujours une hypothèse, une convention, origine et moyen de leurs déve-loppements. Quant au dessin, le trait est la fiction de génie qui, seule, l'a rendu possible depuis ses premiers tâtonne-ments jusqu'à ses plus admirables résultats.

Nous voyons, sans doute, des artistes habiles ou certains élèves intelligents percevoir les aspects des objets, à la fois par la forme extérieure et par le modelé, et faire usage des teintes avant d'avoir poussé très-loin la recherche par le trait. Mais ils ne peuvent procéder ainsi que par suite d'un développement avancé de leur conception artistique, résul-tant en définitive, pour une grande part, de leur éducation, dont le trait a toujours été le premier et indispensable moyen.

(E) Je n'ai point déterminé la grandeur que doivent avoir les modèles pour être mis à l'étude. Le professeur reste donc entièrement libre à cet égard. Il n'oubliera pas, cependant, que, pour les commençants, les grandes distances sont les plus difficiles à juger.

Pour suivre toujours le principe des gradations, il commencera par faire faire les copies de dimension égale au modèle, avant de les demander dans une proportion différente.

(F) Certaines méthodes prescrivent de faire exécuter, dès le début, les lignes droites et courbes, à main levée, voir même à bras tendu, d'un seul jet, avec décision et hardiesse; beaucoup de gens du monde approuvent fort ce procédé qui leur paraît tout à fait propre à donner au commençant une manière magistrale.

Mais qu'arrive-t-il dans la pratique? l'élève le mieux doué ne fait jamais que d'une façon très-imparfaite cette ligne droite ou cette courbe qu'il doit tracer d'un seul coup, moins en dessinateur qu'en calligraphe. Quel parti doit prendre le professeur? Doit-il se contenter de cet à peu près, doit-il demander une seconde exécution? Mais il n'y a aucune raison pour que ce nouveau tour de force soit mieux réussi que le premier, à moins d'un hasard plus heureux. L'élève a donné ce qu'il sait ou ce qu'il peut, mais il n'a rien appris et ne saurait rien apprendre ainsi. La seule manière pour le professeur d'obtenir une amélioration, un progrès, est d'indiquer ou mieux de faire indiquer par l'élève, au moyen de quelques points, les endroits où ses lignes droites ou courbes sont plus ou moins fautives, afin de les corriger, en s'aidant des points indiqués. Mais n'est-ce pas là rentrer dans le procédé que je propose ?

La vraie hardiesse, celle que l'on peut admirer chez les grands dessinateurs, ne peut jamais résulter que du sentiment développé par l'étude. La fausse hardiesse, c'est-à-dire l'aplomb dans l'ignorance, est le vice le plus regrettable et le plus dangereux. Il arrête radicalement tout développement et tout progrès. La modestie, la disposition à la recherche naïve sont, au contraire, les qualités les plus précieuses, chez le commençant. Il deviendra plus hardi à mesure qu'il comprendra davantage, qu'il sentira plus vivement, et cette hardiesse-là ne dégénérera pas en outrecuidance.

(G) Il ne peut entrer dans le plan très-abrégé, que je me suis tracé, de m'occuper avec quelque détail de l'enseignement du dessin linéaire ou géométrique, dont les méthodes sont d'ailleurs généralement satisfaisantes. Il est cependant nécessaire de dire un mot sur la place qui doit lui être assignée et sur l'utilité qu'il faut lui reconnaître, dans l'ensemble des études artistiques.

Ce dessin régulier et correct tend à développer le sentiment de la rectitude et de la symétrie ; il fait acquérir, par l'exercice des instruments, un genre d'habileté très-précieux pour l'étude et la pratique du dessin d'architecture et de perspective. Mais il ne faut pas le considérer, ainsi qu'on le fait trop souvent, comme une préparation pour le dessin proprement dit. Loin d'exercer le coup d'œil et l'habileté manuelle, si nécessaires pour le dessin d'imitation, l'usage des instruments : règle, compas, équerre, etc., supprime l'exercice de ces facultés.

Le dessin linéaire et de géométrie doit être étudié simultanément avec le dessin ordinaire, mais à part et dans une juste proportion de temps. Soit, par exemple, une ou deux leçons de dessin linéaire pour quatre ou cinq leçons d'imitation.

Parmi les autres études auxiliaires, que le dessinateur ne doit pas oublier, il faut noter celle du modelage, aussi intéressante qu'instructive et utile.

Plus tard, les élèves devront acquérir quelques connaissances élémentaires de chimie, auxquelles les peintres de notre époque restent trop souvent étrangers.

(H) L'interdiction de l'estompe ne concerne que les premières études du dessin. Plus tard, les élèves doivent être libres du choix de leurs instruments, puisqu'ils sont appelés, chacun, à se créer une manière de faire personnelle.

(I) Dans le courant des études, le professeur pourra, avec une juste mesure, donner une certaine variété aux travaux des élèves, en mettant entre leurs mains quelques modèles d'animaux, d'ornements et de fleurs, mais, sans leur laisser ignorer que ces différents genres ne s'apprennent bien que par des études spéciales d'après nature. Quant au paysage, les copies d'après le dessin ou l'estampe sont, non-seulement inutiles, mais nuisibles, parce qu'elles présentent des interprétations personnelles, nécessairement différentes de celles que chaque artiste doit lui-même trouver spontanément.

(J) Toutes les écoles d'art devraient posséder des recueils de photographies d'après les grands maîtres. Dans ces intéressantes collections, entreraient naturellement les belles photographies exécutées, en vue de l'enseignement du dessin, sous la direction de M. Ravaisson, membre de l'Institut. Elles viendraient, lorsqu'il serait nécessaire, aider et corroborer les leçons des professeurs.

(K) Beaucoup de jeunes gens entrent dans la carrière des arts sans aucune instruction littéraire préalable. Le professeur les engagera de toutes ses forces à réparer, lorsqu'il en est temps encore, une lacune dont l'effet fatal serait de les laisser toujours inférieurs à ce qu'ils auraient pu devenir.

(L) On se rend compte bien rarement de toutes les qualités que doit réunir le vrai professeur. Elles sont nombreuses et souvent de haut titre. Cependant, la considération et les avantages accordés à l'homme qui instruit la jeunesse ne sont point, en général, en rapport avec ses services et ses mérites.

On paraît quelquefois surpris de voir, dans l'enseignement artistique en particulier, un si petit nombre de bons professeurs. On devrait plutôt s'étonner que des hommes de valeur aient pu se laisser entraîner, par la force de la vocation, dans une carrière aussi ingrate, aussi mal appréciée. Un professeur de dessin, par exemple, s'il se livre tout entier à son enseignement, et lui sacrifie jusqu'à son désir de produire, est regardé presque toujours comme un artiste avorté, sorte de *fruit sec de l'art*. L'estime accordée à celui qui enseigne est mesurée à ses succès en dehors de l'enseignement ; on demandera à un jeune professeur s'il sait dessiner une figure, mais nullement s'il sait démontrer. Toutes ces opinions fausses et injustes sont bien propres à rebuter les hommes les mieux qualifiés pour le professorat ; elles ont, comme il est si ordinaire dans les erreurs de jugement, pour première cause une confusion de langage qui a entraîné celle des idées. On confond, en effet, presque toujours les mots *maître* et *professeur*, ainsi que les idées qu'ils expriment La distinction est pourtant des plus simples :

Les maîtres de l'art enseignent par leurs œuvres. Les professeurs par la parole et la méthode.

Raphaël, ce maître grand entre tous, exerce et exercera sans doute toujours, par ses ouvrages, une influence magistrale. Toujours ses chefs-d'œuvre seront consultés, étudiés et donneront à tous les plus hautes leçons. Mais Raphaël était-il professeur dans l'acception réelle du mot ? S'occupait-il, avec un soin attentif, assidu, d'instruire, de former des élèves en vertu de principes réfléchis ? Il est difficile de le croire, si l'on songe aux préoccupations qui devaient absorber ce grand esprit, ainsi qu'au temps si court mesuré à sa merveilleuse fécondité.

Selon toute probabilité, Raphaël accueillait les jeunes gens, qu'attiraient le prestige de ses œuvres et de sa gloire, avec la grâce et l'aménité de sa nature d'élite. Placé, par son génie, à des hauteurs sereines et inaccessibles, il n'avait, sans doute, nulle pensée, nul besoin de mesquins mystères. Tous pouvaient le voir et le suivre dans toutes les phases de sa splendide production, plusieurs même y participaient.

Certes, c'était bien là l'enseignement tel qu'il est conçu, ambitionné par le plus grand nombre. Et pourtant, l'école de Raphaël, comme celles de la plupart des artistes très-illustres, absorbée dans l'admiration du maître, a manqué de virtualité propre, de puissance d'initiative ; Jules Romain lui-même, malgré son admirable organisation, n'a été qu'un brillant reflet.

Il y a entre le professeur et l'artiste exécutant un point de différence fondamental. L'artiste peut être exclusif, injuste dans ses opinions. Il peut, il doit croire posséder seul la vérité de l'art. Il y a là souvent pour lui une conviction passionnée qui fait sa force. Mais qu'on essaie de donner, par la pensée, au professeur, ce genre de force et de passion, et l'on comprendra combien rapidement le jeune élève, dominé, subjugué, perdra tous les caractères, toutes les délicatesses de sa nature; peut-être pourra-t il acquérir du talent, mais ce sera le talent de son maître.

Le véritable professeur doit écarter de ses jugements l'esprit systématique. Loin de paraître s'attacher exclusivement à une seule conception de l'art, il lui faut comprendre toutes celles qui se sont déjà produites, et accueillir chez ses élèves tous les nouveaux modes d'expression qui peuvent se produire encore; surtout il ne leur proposera jamais son propre exemple; car PLUS IL SAURA PARAITRE IMPERSONNEL, MIEUX IL ASSURERA LEUR PERSONNALITÉ.

Que l'on comprenne donc ce que la fonction du professeur exige d'abnégation, de dévouement, de savoir, d'élévation dans les idées, et qu'on lui accorde enfin l'estime qu'elle mérite. C'est d'ailleurs l'un des moyens indispensables pour régénérer l'enseignement et, par suite, l'art lui-même.

(M) Il peut être utile de donner ici quelques connaissances des divisions et des proportions du corps humain, telles que *Jean Cousin* ou *Gérard Audran* les ont mesurées sur les plus beaux types de l'antiquité; mais il ne faudrait

pas s'exagérer les avantages immédiats que les jeunes dessinateurs peuvent en retirer. Les sculpteurs, sans devoir
abuser non plus de ces mesures convenues qui les entraî-
neraient peut-être à la monotonie, peuvent cependant en
faire usage, parce qu'ils conçoivent en géométral, et con-
sultent surtout le profil qui peut être mesuré exactement.
Quant au dessinateur, toute forme, toute grandeur se présentant toujours à lui en perspective, les mesures lui sont
absolument impossibles. Il peut cependant se mettre dans
la mémoire des types de proportion, et s'en servir d'une
manière générale et approximative, en tenant compte autant
que possible de l'effet des raccourcis.

(N) L'école classique a beaucoup exalté le beau, mais
elle l'a trop présenté, dans son enseignement, comme ayant
trouvé dans le passé son expression absolue et définitive.
La beauté n'est pas exclusivement grecque ou romaine.
Tous les aspects de la nature, même les plus vulgaires,
comportent toujours une certaine beauté qui leur est propre.
Le rôle de l'artiste est de trouver et de faire comprendre la
belle acception des aspects de tout ordre, de dégager les
caractères dominants, le sens artistique des choses, et d'en
accentuer l'expression.

Cette interprétation, étant essentiellement personnelle, ne
peut ressembler à aucune autre ; c'est là le caractère de la
véritable originalité. Or, il importe de le bien établir sans
craindre de se répéter : on n'est nullement original en
cherchant résolument l'étrangeté ou la laideur. On croit,
quelquefois, affirmer ainsi sa liberté personnelle et prouver
son affranchissement de toute tradition. Mais, qu'on le sache
bien, en ne procédant pas spontanément de soi-même, on

accepte, on subit un joug étranger, souvent celui d'une mode éphémère ou d'une ambition stérile en quête de succès à tout prix.

(O) Après l'étude de l'anatomie de l'homme, les élèves passeront à celle des animaux, particulièrement à celle du cheval qu'il importe d'apprendre à dessiner d'après nature, avec la connaissance de sa construction.

(P) Les reproductions de souvenir des impressions éprouvées seraient éminemment favorables, pour faire subir des épreuves concluantes sur les dispositions artistiques d'un élève. La constatation sur ce sujet est souvent fort difficile dans les conditions actuelles des études. Que prouvent en effet la plupart du temps une figure même bien faite et une esquisse convenable? Ces résultats peuvent être obtenus avec une organisation médiocre, à force de persévérance à imiter des élèves plus habiles ou des types convenus. Nous voyons d'ailleurs bien souvent les plus brillants débuts de ce genre aboutir à des talents insignifiants et banals.

Mais dans la reproduction, de mémoire, d'observations toutes personnelles, le jeune homme se manifeste nécessairement tout entier. Il fait voir ce que la nature lui a inspiré, ce qu'il est porté à y choisir, sa manière plus ou moins élevée et habile de l'interpréter ; il montre quelle émotion il en éprouve et s'il sait communiquer cette émotion. Il fait donc là ses preuves d'artiste en toute réalité.

(Q) Le professeur et les élèves consulteront avec fruit l'ouvrage de M. Chevreul, membre de l'Institut, sur les contrastes et les harmonies des couleurs. Ils y trouveront de très-intéressantes et très-instructives observations, dont plusieurs pourraient être utilement fixées dans la mémoire.

(R) Je ne considère l'enseignement comme complet, qu'en tenant compte de tous les développements que l'initiative du professeur doit ajouter aux indications de la méthode.

(S) C'est à dessein que nous ne sommes entrés dans aucun détail d'enseignement relatif aux compositions historiques ou de grand style qui terminent les travaux du cinquième degré Si l'on proposait ici aux élèves, comme on le fait le plus généralement, l'imitation des compositions des grands maîtres, il faudrait déduire de ces types choisis, des règles et des directions pour être transmises par le professeur aux élèves. Mais le but étant de provoquer des conceptions vraiment individuelles, les résultats devront être le plus souvent nouveaux et imprévus. Le professeur peut donc seul apprécier et enseigner, suivant des circonstances sans cesse différentes.

231. — Abbeville. — Typ. et stér. Gustave Retaux.